En pleine lumière

Christiane Rancé

En pleine lumière

Carnets spirituels

Albin Michel

À Kurt, Kristy, Kristian
et Scarlett McGhee

« Ressembler aux abeilles tant elles ont l'amour des fleurs ! tant elles ambitionnent la gloire de faire du miel ! »

Joseph Joubert

Prologue

J'ai voulu que ces textes aient la couleur et l'esprit du pollen, cette poudre d'or que la nature confie aux visiteurs de passage pour qu'elle porte ses fruits. Papillons, abeilles, la manche d'un enfant qui court ou encore le vent ou l'aile d'un oiseau. Ce pollen qui nous incite à prendre le temps d'écouter la nature et à s'émerveiller du passage des saisons. Ce pollen dont le poète romantique allemand Novalis voulait baptiser son œuvre afin que ses grains de soleil illuminent encore nos heures, et nous rendent autres.

Il est question dans ces pages de célébrer la vive beauté du monde, là, toujours à la portée de nos regards et de notre enthousiasme, et de la remettre elle aussi en pleine lumière, tandis que notre connivence avec la mort concourt à l'éclipser et la trahir. Il est question de faire le seul pari qui vaille, celui de l'avenir et de la vie. Celui de l'amour sans quoi rien ne s'accomplit. L'actualité des hommes blesse souvent ce désir de joie, et il arrive que la souffrance, le deuil, la déréliction fassent leur grimaçante irruption dans nos maisons. Alors, j'ai pris le parti d'en parler aussi, pour rester entière, selon la logique qu'une part de nous meurt toujours un peu dans ce qui nous retient de dire, de défendre, d'affirmer comme de s'affirmer. C'est en braquant la lumière sur les ombres qu'on les chasse. Ces méditations ont constitué une étape essentielle pour moi. Elles s'adressent à des amis ; les écrire m'a fait faire un grand pas sur la route instructive du dialogue, du partage et de l'hospitalité.

Il n'est que trop évident que notre époque rappelle le début de *La Divine Comédie*, dans cette plongée aux enfers dont nous sommes tous les témoins. Dès lors, il s'agit de prêter l'oreille à ce que Dante enseigne, sous le regard de son maître Virgile, à savoir qu'il importe d'entreprendre un pèlerinage pour monter au purgatoire et, au terme de l'aventure, pour autant que l'aventure soit vraiment tentée, atteindre le paradis. Comme le disait Paul Claudel : « Notre résurrection n'est pas tout entière dans le futur, elle est aussi en nous, elle commence, elle a déjà commencé. »

Janvier

Je viens de relire les articles, les textes, les fragments que j'ai rédigés depuis des années avec l'intention de commencer un roman et comme toujours, cette idée me paraît surhumaine ou du moins l'effort qu'elle impose. Et pourtant, je ne peux pas renoncer à écrire. « Avec tout ce que tu as vécu ! Tous les gens que tu as rencontrés ! Tous les voyages que tu as faits ! » J'entends la perplexité dans ces encouragements. Il me revient l'envie de fuir. J'écoute l'appel de l'océan, du large et avec lui, cette exaltation dont je n'ai jamais su peser la part de désespoir. Au moins ai-je appris à reconnaître, à part égale, en moi, la puissance de vie et la puissance d'abattement, la première poussée au rouge pour réduire la seconde. Mais puis-je n'écrire que par fragments ? Écrire par omission, n'est-ce pas mentir ? Parler de la joie a-t-il un sens, si je ne dis pas ce que son rayonnement veut dissiper d'obscurité en moi ? Et comment parler de la douleur, si sa noirceur n'est pas ternie par mon amour de la vie ?

Peut-être même toute ma joie se joue-t-elle dans la région du malheur. Peut-être que toute joie se joue toujours dans la région du malheur. Je ne parle pas du bonheur qui est un sourire de papier, hautement inflammable. Je parle de la joie, qui procède de l'accord qu'on passe avec la vérité de sa condition, et avec la conscience acquise un jour, souvent dans la violence, que tout ne sera pas joli comme le racontent les contes de fées et leurs modernes versions publicitaires. Le bonheur, j'y ai cru pourtant, et même avec beaucoup d'enthousiasme. J'avais justement brodé une histoire avec son fil, un roman de vacances qui se passait en vacances, plein de satisfaction sentencieuse. Alors, mon lit était bien bordé par une jolie famille, des amis, et ma sœur à qui je racontais mes aventures qui la faisaient toujours rire. Elle est tombée malade. Je me suis sentie comme ces pirogues du Pacifique dont on aurait brusquement coupé le balancier. Elle était condamnée et j'étais en danger. Tous ceux que j'aimais étaient en danger. Mes parents, qui désiraient que je leur mente en me réclamant la vérité. Mon frère. Toute ma famille. J'ai découvert que, comme une galaxie trouve son mouvement propre dans l'équilibre entre ses planètes, une famille élabore son harmonie dans le subtil rapport de ses membres entre eux, toujours entre attraction et répulsion, dans un équilibre dont nous passons nos vies à tenter d'en poursuivre l'approche. Mais qu'une étoile de ce cosmos privé s'éteigne et tout est brisé. Plus d'orbite où continuer son cycle. Chacun se découvre satellite de l'étoile qui manque, et tous perdent leur course, comme des baudruches folles brutalement vidées de leur air. La disparition de ma sœur m'a expulsée de ma propre vie. J'ai fait l'épreuve de l'effroyable. J'ai essuyé sa perte avec mes larmes, certaine que plus personne, jamais, ne m'aimerait comme elle m'aimait – et malade, mourante, les dernières forces qu'elle avait trouvées encore avaient été pour m'aimer un peu plus, dans un ultime sursaut d'affection. Avec son amour impérissable, j'avais perdu ce lien unique d'une intimité chaque jour plus charnelle, le témoin vigilant de ma mémoire. J'avais perdu avec ma sœur le miroir vivant de mon enfance et de ma jeunesse.

Désormais, c'était sans elle que j'avais à me

dire. Sa mort me privait de ce centre de gravité qui me ramenait toujours droite, sereine, même sous les vents les plus violents. J'étais mutilée de mon double. Et chaque fois que j'esquissais sur la page un « il était une fois », elle se posait sur le bord, les bras croisés, avec son rire perlé et sa façon unique de renverser la tête en arrière, avec ce léger froncement de sourcils qui donnait à son regard un accent circonflexe, juvénile, où éclatait sa singulière tendresse. Je savais qu'il fallait que je passe par elle pour continuer mon chemin d'écriture, qu'elle avait suivi et inspiré si longtemps. Le paradoxe de son absence, en vérité une présence inversée, impérieuse et jamais rassasiée, me l'interdisait. Siamoise et opposée, telle elle était dans ma vie depuis que, mon aînée d'une année jour pour jour, elle veillait sur moi, parait à mes bêtises, s'interposait pour faire signer en douceur mes catastrophiques bulletins de discipline. Fille de la lune dont elle avait le fuyant sortilège, de l'étoile de Vénus dont elle avait l'éclat précis et infaillible, amoureuse des demi-teintes, des tête-à-tête, asphyxiée dès l'enfance par son amour pour nos parents au point d'envisager sa vie en lignes de fuite, elle avait un charme qui, chez elle, touchait au génie. Hormis ceux qui le redoutaient, je ne connais personne qui lui résistait. Ses pas soulevaient une myriade de garçons et elle ne rêvait que d'un grand amour. Elle fut celui, absolu, de notre grand-mère. Quand ma sœur apprit son décès, une mèche de ses cheveux blanchit comme un bois sous la cendre. Et longtemps nous nous sommes raconté comment, dans sa tendresse affairée, à la lumière d'une petite vierge de Lourdes phosphorescente posée sur la table de nuit, nous récitions ensemble nos premiers « Je vous salue, Marie ». C'est avec ma sœur qu'adolescente, dans les frissons délicieux de la désobéissance, je me suis glissée le long du mur de la surveillance paternelle. Elle vers qui je me précipitais pour me sortir des pétrins dans lesquels j'avais le don de me fourrer. Elle qui me rassurait dans mes cheminements périlleux vers les profondeurs. Elle qui m'éclairait, du fond de l'Amérique où elle s'était mariée, quand un nom, un lieu me fuyait. Alors, au téléphone, s'initiait entre nous le jeu délicieux des « tu te rappelles quand… », « tu te souviens de… ? », « mais comment s'appelait… ? ». Et alors nos rires. Jamais ses cartes d'anniversaire, subtilement choisies, couvertes de sa soyeuse écriture, n'ont manqué une année, et je ne sais par quelle sorcellerie elles me parvenaient toujours au jour juste.

Elle était secrète et précieuse. Avec une volonté rigoureuse et un ordre inflexible, elle avait construit sa vie comme une retraite, une conduite intérieure, curieusement effarée à l'idée d'être trahie par les rares invités à pénétrer son intimité. Station après station, elle s'était rendue à elle-même dans une incandescence légère et entretenait ainsi, mystérieusement, une foi plus sereine d'année en année. Elle cultivait le silence dans des marches vigoureuses. Elle aimait la pluie fine, les fleurs des champs. Elle dessinait sa vie par touches délicates, avec la science d'une aquarelliste. Ai-je jamais trouvé le temps de bien la comprendre, de mieux la connaître ? Elle m'avait pris la main, sans me regarder, et l'avait serrée très fort le jour où, devant nous, dans cette église lugubre, notre père pleurait seul, en fils unique, le dernier de ses parents. Ce fut la seule promesse qu'elle n'ait pas tenue, ce serment tacite, dans le confort de sa présence, de rester fidèlement contre moi dans la traversée de nos futurs chagrins, qu'on n'osait alors imaginer sous le signe du malheur. Au milieu de nous tous, éperdus à l'annonce de sa maladie, elle fut la seule courageuse, celle qui, comme toujours, cherchait à nous consoler.

Singulièrement, c'est à sa mort que je dois

mon apprentissage de la joie. C'est son héritage, le témoin qu'elle a glissé entre mes doigts, en me répétant le long de ses dernières heures (« tu sais, Christiane, ton temps n'est plus le mien ») et jusque dans son dernier souffle, cet ordre impératif : « Respire pour moi. Regarde pour moi. Aime pour deux. Vis en double. Et sois joyeuse parce je suis dans le cœur du Christ. Souviens-toi : "La joie est une manière de guérison." Tu as désormais à vivre *aussi* tout ce qu'il ne m'aura pas été donné de vivre. Alors retiens tout, parce que tu devras tout me raconter lorsque nous nous retrouverons de l'autre côté du monde où est, j'en suis certaine, le paradis. »

*

Mais j'avais encore à me retrouver entre le réel et l'irréel, le réel de l'absence et l'irréel de la mort. Ma puissance de négation ne m'offrait aucune arme contre la brutalité des deux, elle ne m'offrait aucun viatique pour avancer dans le paysage solitaire et nouveau de ma vie. Je me cognais à tout, à tous dans un espace amaigri. Un jour vénitien, où j'ai poussé la porte de la Scuola de San Giorgio degli Schiavoni, j'ai trouvé comment me rejoindre, comment me ressaisir sur un mode qui rendrait la mort invisible, ou du moins franchissable. Sur l'une des fresques de Carpaccio, saint Georges terrassait le dragon, sur une autre, saint Jérôme apaisait un lion. Dans le contraste entre les deux, la puissance de la douceur m'est apparue d'un seul coup, avec ce qui fait son paradoxe – sa force. Saint Jérôme était souverain et le lion soumis, tandis qu'autour d'eux, les moines terrorisés s'enfuyaient. Qu'est-ce donc qui pacifiait l'animal, si ne n'était cette douceur qui nimbait la silhouette du saint ? Quelle était cette force contraire à la violence de la peur ? La douceur dans son abondance s'est alors imposée à mes yeux – et avec elle, la maîtrise de soi qu'elle exige, le contrôle de ses propres colères, de ses effrois, l'interdiction du venin dans les mots et les regards. La douceur que j'avais éloignée de ma vie et dont il ne me restait que la nostalgie, dont elle est l'essence. Pouvais-je l'oublier autrement qu'en m'oubliant moi-même ?

Jusqu'à ce jour, elle m'avait semblé insignifiante. Un luxe, une sucrerie, une attitude réservée au domaine de l'intime et des sens, bien plus tactile que spirituelle : la douceur de la brise sur la peau, du baiser sur les lèvres, du suc dans la gorge, et d'un ciel sur le tard. J'ignorais alors qu'elle était la forme suprême du respect d'autrui – car enfin, la brutalité ne le réduit-elle pas à l'état d'objet, à une matière méprisable et bonne à broyer ? – mais aussi la forme suprême de la charité : la charité envers soi-même parce qu'elle seule permet non pas d'oublier, mais d'accepter.

La douceur interdit « d'achever jamais de briser le roseau froissé ni d'éteindre la mèche qui fume encore ». Elle force à tendre l'oreille à l'imperceptible, à écouter la mesure des propos. « Apprenez de moi car je suis doux et humble de cœur, et vous trouverez le repos », a dit Jésus à ses disciples. Dans le sermon sur la montagne, qu'a-t-il annoncé ? Qu'a-t-il déclaré à une foule habituée ailleurs aux incitations à la révolte et à la haine ? Formée dans la brutalité des éléments et des hommes ? « Bienheureux les doux, ils posséderont la terre. »

Face au tableau de Carpaccio, face à ce saint Jérôme à jamais tranquille, apaisant, j'ai saisi combien la douceur est l'impératif de la réconciliation et l'essence même des mystères. À sa lumière, toute la conception du monde se transforme. N'est-ce pas de l'abandon à leur propre gravité, à leur propre place dans l'univers, en toute douceur, que les étoiles et les galaxies, les planètes et les novas ont créé l'harmonie du cosmos et l'équilibre prodigieux de leurs rotations ?

Quelle sève coule de la Croix, si ne n'est celle de son âpre douceur ? C'est d'elle qu'émane la liberté qui me permet d'accéder à mon prochain, de l'entendre et de le toucher. La générosité aussi, qui me conduit à faire confiance aux autres, à l'inconnu, et à la vie.

*

À quoi les livres servent-ils ? Il serait aisé de répondre que leur plus grande noblesse est précisément de ne servir à rien. Quand on lui demandait pourquoi il écrivait, Jorge Luis Borges répondait : « Pour mes amis et pour adoucir le cours du temps. » Les livres sont des lieux d'amitié, d'amour, de fêtes. Mais si les livres ne servent à rien, c'est parce qu'ils sont au-delà de tout utilitarisme.

Pour reprendre des images anciennes, ils offrent des nourritures sans ôter la faim et ils désaltèrent sans ôter la soif, tel qu'il est dit dans l'Apocalypse de Jean (10, 9-10) : « Et j'allai vers l'ange, en lui disant de me donner le petit livre. Et il me dit : Prends-le, et avale-le ; il sera amer à tes entrailles, mais dans ta bouche il sera doux comme du miel. »

J'aime qu'un livre, un poème, une pensée soient des aliments au même titre que l'air, qu'ils soient un oxygène grâce auquel continuer à respirer, mais respirer plus en profondeur. Pour cela, je tiens des carnets dans lesquels je consigne des phrases au gré de mes lectures. Ces citations sont délibérément de tous les auteurs, de tous les siècles, de toutes les confessions. Leurs références ne sont pas à l'intérieur de limites étroites que l'époque voudrait rétrécir encore, mais ancrées dans la vie la plus quotidienne. Elles me sont l'occasion de faire une pause, d'y penser et de reprendre, à leur contact, un élan. Parmi ces phrases, en voici quelques-unes que j'aime à citer. Je sais qu'un jour ou l'autre, telle ou telle me sauvera.

« Je n'ai pas peur de mourir ; ceux qui ont peur de mourir ne méritent pas leur mort ; il faut mériter sa mort. »
(Édith Piaf)

« Leur crime : Un enragé vouloir de nous apprendre à mépriser les dieux que nous avons en nous. »
(René Char)

« Il est trop facile de critiquer le christianisme en partant de la personne de faux chrétiens ou de pharisiens. Il me semble que si on doit aborder la doctrine chrétienne, il vaut mieux s'adresser à saint Augustin et à Pascal. »

(Albert Camus)

« Dieu a fait l'homme pour que l'homme devienne Dieu. »

(Saint Irénée)

« On ne meurt pas complètement, la vie continue. Ce n'est plus une vie terrestre, voilà tout. »

(Max Jacob)

*

Souvent, je me suis demandé de quelle manière telle rencontre, telle lecture, telle conversation avaient pu agir sur ma propre vie. J'ai alors pensé à ceux qui avaient été là lorsque mon chemin se perdait dans les sables. À ceux qui, au détour d'une conversation, m'avaient soufflé le conseil qui redonnerait toute la lumière dont mes pas avaient besoin. Et je me suis dit que c'était une gymnastique intellectuelle qu'il faudrait que je m'applique le plus souvent possible, de déterminer qui m'avait aidée, qui m'avait entendue et si j'avais su leur dire merci, leur être reconnaissante, leur manifester ma gratitude.

« Que dois-je aux autres ? » pose la question de la générosité, autant dire de mon aptitude à recevoir avec grâce ou grandeur d'âme ce qui m'est offert, et à reconnaître la dette à son poids exact. N'est-ce pas là que la générosité peut trouver toute son essence ? Bien plus que donner, n'est-ce pas accepter de recevoir ? Accepter d'assumer sa propre faiblesse et, dès lors, faire que l'âme reste fidèlement redevable ?

Est-ce facile ? Curieusement, cette générosité semble plus douloureuse que celle du don. À la reconnaissance, je préfère le déni : « Ah bon ? C'est toi qui as eu cette idée ? », « Ah bon, sans ton aide, je ne serais pas parvenue à réaliser mon projet ? »

Mais pourquoi est-ce que je déteste à ce point *devoir* quelque chose à quelqu'un, même si c'est un ami ? Est-ce parce que j'ai alors le sentiment, en acceptant son cadeau, de me mettre en position d'infériorité, d'être à sa merci ? « Merci », n'est-ce pas ce qu'on apprend à dire à l'enfant qui accepte un bonbon ? Est-ce que j'estime que le cadeau qu'autrui me fait lui donne un pouvoir sur moi au point de me sentir aussitôt obligée au mieux de lui *rendre* son cadeau pour être *quitte*, au pire de nier son existence pour ne lui concéder aucune part de ma réussite ?

Cette notion de dette liberticide, peu de

cultures l'ont poussée au rouge comme la civilisation japonaise. J'ai souvenir d'une nouvelle de Yukio Mishima, « La mort en été », construite sur ce thème. Il y est question de deux enfants qui avaient échappé à la surveillance de leurs parents, l'été, sur une plage. Ils se noyaient sous le regard d'une famille qui ne répondait pas à leurs signes de détresse ni à leurs appels au secours. Mishima explique ce que nous estimons monstrueux : rien n'aurait été plus inconvenant, au regard du système de valeurs et de politesse des Japonais, que d'obliger quelqu'un à ce point, en lui faisant un cadeau qu'il ne pourrait jamais rendre. En effet, comment s'acquitter de la vie de ses propres enfants ?

Eugène Labiche a joué sur le double sentiment que l'homme éprouve selon qu'il donne ou qu'il reçoit, et sur toute l'ambiguïté de la gratitude, et avec quelle finesse et quel brio ! Dans *Le Voyage de M. Perrichon*, il confronte deux fois son héros à une situation identique. Dans la première scène, M. Perrichon manque de tomber dans un précipice et, Dieu merci, le premier prétendant de sa fille est là et le sauve. « Je ne l'oublierai jamais », dit M. Perrichon sans enthousiasme excessif pour autant, reconnaissant mais très agacé. Et le prétendant numéro un pense alors avoir conquis les faveurs du beau-père putatif. Qui refuserait la main de sa fille à celui qui lui a sauvé la vie ? Hélas pour lui, loin de s'avouer vaincu, le prétendant numéro deux comprend tout l'avantage qu'il peut reprendre sur son concurrent. Dès le lendemain de l'accident, ce sagace jeune homme se poste sur les lieux mêmes du sauvetage. Lorsque M. Perrichon passe, ce qu'il fait tous les jours à cet endroit et à cette heure, le numéro deux feint une chute mortelle. M. Perrichon se rue sur lui pour lui porter secours. « Ah ! dit-il plein de joie et d'orgueil, tandis que le jeune homme fait semblant de se hisser hors du précipice grâce à la main de son beau-père en puissance. Ah ! dit M. Perrichon, débordant de contentement et d'exultation, frémissant déjà à l'idée de raconter son geste héroïque à sa famille et à ses amis. Ah ! Je vous ai sauvé la vie… et je ne l'oublierai jamais ! »

Saint Paul a écrit très justement que nous ne devons rien à personne, si ce n'est l'amour, dont on n'a jamais fini de s'acquitter. Ses propos sont à peser à la mesure de son éducation – formé par Gamaliel, le plus brillant des rabbins. Saint Paul a posé le principe : il y a bien dette d'amour. Est-elle aussi lourde à accepter et à reconnaître que les autres dettes ?

L'amour que répète le Christ, dont il fait preuve, dans l'acceptation de sa propre crucifixion, a-t-il racheté la dette originelle, ou bien, dans l'esprit des hommes, l'a-t-il aggravée ? Cet amour nous a-t-il libérés ou a-t-il entravé nos désirs, nos aspirations à l'indépendance comme ceux de l'adolescent rebelle à l'affection parentale ? Est-ce parce que nous nous savons incapables de rendre un millionième de cet amour, avec tous nos efforts et toute notre foi, que nous ne supportons plus le christianisme, cette religion qui nous oblige à tenter de rendre à Dieu l'amour dont il a fait preuve en mourant sur la croix ? Cet amour fidèle, miséricordieux, intarissable dont rien de nos horreurs ne le dégoûte ? Est-ce au fond parce que nous avons poussé notre désir de liberté au rouge, parce que nous pensons aujourd'hui que nous ne sommes jamais aussi libres que là où personne ne nous aime ?

En ces temps où la pharmacopée nous offre tout ce qu'il faut pour calmer nos angoisses et nos consciences, et où la technique nous prodigue tous les objets de jouissance immédiate, sans interdits et sans complexes, ces temps où triomphent les « optimistes du néant », selon la formule de Léon Bloy, est-il encore supportable d'être aimé *ad vitam aeternam*, et sans qu'on le lui demande, par quelqu'un, fût-ce Dieu ? En vérité, vu sous l'angle de la dette, l'amour inconditionnel, absolu que nous porte Dieu par Jésus n'est-il pas monstrueux ? Et n'est-ce pas justement ce qui rend le christianisme tellement intolérable à beaucoup d'hommes modernes ?

*

« On a le droit de désespérer d'un temps si l'espérance est la plus forte », prévenait Armel Guerne. Hélas, l'hiver s'incruste et les nouvelles n'ont rien de nouveau, tant elles sont sinistres dans leur fond, et désespérantes dans leur répétition. Les tensions sont si fortes que l'air semble inflammable. Chaque jour ajoute une pierre à notre moderne tour de Babel, qui veut que nous ne nous comprenions plus, alors que nous parlons la même langue. Chaque actualité nous stupéfie en affirmant que tout – voire le pire – est possible, en même temps que rien n'est de moins en moins permis. Quelle échappatoire à cet accablement, quel dérivatif à ces jours bas ? Même les *Gymnopédies* d'Erik Satie, pourtant les meilleures amies de la pluie et du crachin, échouent à dissiper chez moi cette contagieuse morosité spirituelle et climatique. Comme antidote, j'ai toujours le recours du délectable Lewis Carroll.

Chaque phrase de son *Alice au pays des merveilles*, ou de *De l'autre côté du miroir* semble illustrer un moment particulier de ma vie. Qui réfuterait que celle-ci ne traduit pas, à merveille, le sentiment d'impuissance et d'extrême dépression : « Il faut croire que le puits était très profond, ou alors la chute d'Alice était très lente, car, en tombant, elle avait tout le temps de regarder autour d'elle et de se demander ce qu'il allait se produire » ? Tous ces attentats, tous ces crimes, toutes ces guerres, toute notre cécité volontaire, notre assourdissante surdité me donnent exactement cette sensation de chute irrépressible et lente dans l'avenir, assortie d'une extrême lucidité sur ce qu'il se passe autour de moi. J'ouvre encore, et au hasard, mon exemplaire d'*Alice au pays des merveilles*. Et je lis, dans un grand sourire : « À ce moment-là, le roi, qui depuis quelque temps était fort occupé à gribouiller sur son calepin, ordonna : “Silence !” et lut : “Article quarante-deux : Toute personne mesurant plus de mille cinq cents mètres devra quitter la salle d'audience du tribunal.” »

*

J'ai découvert un beau paradoxe sur la foi : « L'athée n'est pas celui qui ne croit pas en Dieu

– c'est celui qui ne croit pas en lui-même, en la splendeur de sa propre âme. » J'ai aimé cette affirmation qui brise les remparts et jette des ponts sur les tranchées, et qui revient à dire que le véritable athée est celui qui ne croit pas en l'homme. Son auteur s'appelle Swami Vivekananda. Il fut le disciple de Ramakrishna ou plutôt il fut à Ramakrishna, mystique hindouiste, ce que Platon fut à Socrate ou saint Paul à Jésus : celui qui fixe un enseignement et l'érige en école de foi et de pensée. De la pensée de Ramakrishna, Vivekananda a gardé le principe qui veut que toutes les religions recherchent le même but et ce but est Dieu. Il n'excluait pas le christianisme des religions qu'il étudiait. C'est d'ailleurs un 25 décembre qu'il a fondé un monastère dévolu à l'enseignement de son maître, en référence et en hommage à la naissance de Jésus. Aujourd'hui, ceux qui vont à Calcutta peuvent faire une halte à Belur Math, ce centre spirituel construit selon une architecture particulière, qui assemble des éléments du temple hindouiste, bouddhiste, de la mosquée et de la cathédrale. Il n'y a, dans ce quatuor de pierre, aucune tentative de vouloir mixer ces religions pour inventer une sorte d'esperanto mystique. Au monastère de Belur on enseigne et on étudie l'hindouisme dans sa réalité la plus moderne. Mais

Vivekananda voulait suggérer l'unicité et l'universalité de la foi, et le principe fondamental qui voit chez chaque homme une âme, et dans chaque âme l'image de Dieu.

Je ne peux que noter le génie d'autres personnalités qui, comme Vivekananda, ont étudié d'autres textes et d'autres philosophies pour s'épanouir dans leur religion, tout en gardant leur indépendance. Ils m'ont appris que l'amour libre existe aussi en matière d'amour mystique. C'est un amour qui refuse tout engagement formel, tout baptême, tout code conjugal comme y engagent les différents rituels de conversion – immersion, onction, circoncision… Ainsi Simone Weil a préféré « rester sur le seuil » de l'Église ; ainsi Lucien Jerphagnon a trouvé la formule de cette liberté dans le paradoxe de son « agnosticisme mystique » ; ainsi Christian Gabriel/le Guez Ricord écrivait : « Quant au mystère des trois religions du Livre – la théophanie d'Abraham – il y a beau temps que Mahomet, Jésus, Moïse ont accordé nos problèmes théologiques. Ils sont vivants en Dieu à l'instant présent, il y a longtemps qu'ils s'aiment, se pardonnent, et nous, nous traînons le sang. » Beaucoup de grands esprits ont refusé le carcan du dogme et le principe d'exclusivité des religions dont ils se sentaient pourtant les communiants. Simone Weil se sentait chrétienne mais refusait le baptême par horreur de l'anathème que pratiquait l'Église. Lucien Jerphagnon aimait le Christ mais ne voulait pas renier pour autant l'enseignement de Plotin dont il se sentait si proche. Christian Gabriel/le Guez Ricord, fidèle pratiquant et amoureux de la Vierge, voyageait souvent dans les textes juifs et musulmans. Henri Bergson, chrétien dans l'âme, ne s'est pas formellement converti, et c'est avec le Christ au cœur et l'étoile jaune sur le cœur qu'il est mort. Chez tous ces adeptes de l'amour libre, il n'a jamais été question d'un syncrétisme à tout crin, ni de faire son marché dans les différentes pratiques ou dans les différentes liturgies, au gré de ses humeurs et de ses attentes pour fabriquer sa propre religion. Il ne s'est jamais agi de faire Dieu à son image, mais de chercher Dieu comme « l'Absolu qui n'a ni nom ni forme », ainsi que l'a tenté Ramakrishna, et le plus directement possible.

Loin d'imaginer que toutes les voies se valent, ces explorateurs du divin ont prospecté dans les grands textes pour y trouver un élément, une parole, une lumière qui pourraient ajouter un jalon sur le sentier qui les menait à la rencontre de Dieu. Qu'on ne voie pourtant aucun dédain de leur part vis-à-vis des religions, ni aucune invitation à leur échapper, ni la moindre condescendance pour les mystiques qu'ils ont étudiés. Simplement, ils ont pris le raccourci que leur imposait leur génie pour le divin – qui était chez eux un don inimitable, une intuition qui les avait convertis d'emblée, et formés d'emblée. Dans leurs recherches et leurs questionnements secrets, dans leurs attentes, il y a un bel enseignement d'ouverture – qui, paradoxalement, tient à leur fidélité à ce qu'ils étaient, à d'où ils venaient et plus encore à là où ils sont allés. Peut-être, en étudiant les Évangiles, le Talmud, le Coran et aussi bien la *Bhaghavad-Gita* si chère à Simone Weil et à René Daumal, cherchaient-ils dans ces autres Livres et ces autres traditions les mots qui manquaient à leur langue pour dire l'indicible, l'ineffable, et leur espérance de Dieu. Et qui leur ont inspiré une définition aussi généreuse que celle-ci, qui fait exploser les appartenances étroites à une religion et à ses dogmes : « L'athée n'est pas celui qui ne croit pas en Dieu – c'est celui qui ne croit pas en lui-même, en la splendeur de sa propre âme. »

*

L'insolence a un pouvoir revigorant dès qu'elle exprime une profonde liberté intérieure. Elle passe alors sur nos têtes avec la vigueur du vent du large. Elle chasse ainsi les pesanteurs, notre baisse de vigilance spirituelle et intellectuelle, et elle fait voler en éclats, parfois de rire, les diktats du sérieux qu'on nous oblige à subir désormais, pour tout, toujours – et qui nous affligent de ces faces de carême qu'a su dénoncer le pape.

L'un des plus beaux exemples de cette insolence, Diogène de Sinope continue de nous l'offrir par-delà les siècles. On connaît sa réponse à Alexandre, qui avait conquis le monde mais ne parvint jamais à faire plier l'indépendance de cet esprit, ce « Ôte-toi de mon soleil » lancé depuis le seuil de la grosse jarre de terre cuite que le philosophe habitait, alors que celui qui avait défait des royaumes était venu lui demander ce dont il avait besoin. On connaît aussi l'épisode de sa capture par les pirates où Diogène, mis en vente sur le marché des esclaves, répondit à un acheteur qui lui demandait ce qu'il savait faire : « Commander aux hommes libres ! » et de crier dans la foulée : « Qui veut un maître ? Qui a besoin d'un maître ? » Inépuisable et triomphale insolence de celui qui n'a rien mais qui est resté propriétaire de lui-même, à l'endroit de ceux qui ont tout mais se sont vendus. Inépuisable insolence de celui qui, les fers aux pieds, dit aux hommes libres combien ils sont enchaînés, déjà par leurs richesses et le pouvoir qu'ils croient exercer. Inépuisable insolence de cet homme dont la parole portait parce qu'il ne possédait rien d'autre que sa tunique, sa besace et une lampe. C'est ainsi, en ascète rigoureux, que la liberté de sa parole était entendue quand il criait, en se promenant dans les rues d'Athènes : « Je cherche un homme ! Je cherche un homme ! »

Et aujourd'hui, lorsque j'imagine Diogène bondissant par-dessus les vingt-cinq siècles qui nous séparent de lui, je me dis que les seuls qui pourraient satisfaire cette quête sont ceux qui partent, incognito, œuvrer pour le bien d'autrui, et ceux, hélas bien plus rares, qui osent *prendre* la parole pour parler en vérité, et rappeler à l'homme ses devoirs d'homme. L'insolence est souvent la meilleure arme pour agir dans ce sens – parce qu'elle ne blesse que l'amour-propre et ne tue que la vanité. Si la vérité va de pair avec une liberté de parole bien exercée, l'insolence est presque toujours la marque au rouge d'une vérité qui a fait mouche.

*

D'Ernest Renan, j'ai été touchée par ces lignes impérieuses comme l'aiguille d'une boussole :

« Ce qui importe, c'est d'avoir beaucoup pensé et beaucoup aimé, c'est d'avoir levé un œil ferme sur toute chose, c'est de pouvoir dire à sa dernière heure : j'ai beaucoup vécu. J'aime mieux un yogi, un mouni de l'Inde, j'aime mieux Siméon le Stylite mangé des vers sur sa colonne, que ces pâles existences que n'a jamais traversées le rayon de l'idéal, qui, depuis leur premier jour jusqu'à leur dernier moment, se sont déroulées, jour par jour, comme les feuillets d'un livre de comptoir. »

*

La foi seule nous prémunit contre l'enfer, tel que le poète italien Dante le définit : l'impossibilité, à jamais, de tout espoir. Cette phrase m'a saisie tout entière le jour où je l'ai *vraiment* lue non pas dans *La Divine Comédie*, mais dans le regard de ma sœur qui venait d'entendre son diagnostic mortel. Quelle parole prononce Dante aux voyageurs qui vont franchir la porte de l'enfer et qu'il a gravée au fronton de sa porte ? « Dépose ici tout espoir. » Peut-on imaginer enfer plus véritable – celui-là même que vivent tant de patients dans les hôpitaux, dans leur face-à-face avec leur maladie, ces êtres humains hier frères, sœurs, mères ou maris, devenus, par le fait d'un diagnostic, des *condamnés* – que de ne plus avoir d'espoir, qui est justement de ne plus *pouvoir* croire en rien ? D'avoir perdu tout espoir au point de ne plus pouvoir aimer, jamais ? On peut toujours s'interroger sur le bien-fondé de la foi, sur les raisons de croire, tant qu'on a la liberté de croire, tant que croire nous est possible. Que ce ne le soit plus, et on saisit ce que la foi – cette espérance de mouvements de l'âme, d'amour et de compassion, cette attente d'avenir auquel nous pouvons appartenir, cette confiance fondamentale dans la vie – nous apporte et combien, sans elle, cette vie serait impossible. Même en bonne santé comment vivre dans une absence absolue de communion ? D'espérance ? D'amour ? Sans l'idée que la communion avec le monde et l'amour nous touchera un jour, même furtivement, avec la légèreté d'une plume d'oiseau ?

On peut vouloir l'ignorer, tenter, dans le nihilisme insidieux de l'époque, de la nier ou de lui inventer d'autres noms. Il n'empêche : la foi est en chaque homme, si forte que la pire des punitions, le plus infernal des châtiments est d'en priver les damnés. La damnation, c'est la vie sans aucune espérance, jamais. À jamais. En rien. Le désespoir à perpétuité. Et la perpétuité, c'est l'éternité de l'enfer. J'ai essayé d'imaginer pire, je n'y suis jamais parvenue. Il arrive que cette foi, qui est consubstantielle à l'homme, soit présentée comme une *option facultative.* Il y aurait ceux qui ont la foi et ceux qui ne l'ont pas. Comme s'il s'agissait d'un accessoire, dont il conviendrait alors de se désencombrer, voire de la résurgence d'une éducation archaïque. Mais croire, c'est ce qui fait de nous des hommes libres, c'est ce qui rend notre inquiétude fructueuse, c'est ce qui nous permet de déployer pleinement la courbe singulière et unique, unique à jamais, de notre vie. Il est *absolument* impossible à l'homme de ne pas avoir la foi : c'est cette foi qui fait que le monde existe…

À défaut de l'éradiquer, opération impossible parce que mortelle, il y a bien la tentation de l'assimiler à de la superstition, de l'obscurantisme, voire de la bêtise. Ou bien de l'atrophier, de la lyophiliser, de la ratatiner. Il y a une technique très au point pour réduire notre foi à une peau de chagrin : lui offrir de fausses attentes, la détourner de son essence première qui est l'amour de la vie dans son immortalité – que partagent même ceux qui pensent ne pas croire en Dieu, mais font des enfants et mourraient pour eux. Puisqu'il faut croire, alors que ce soit plutôt dans le progrès matériel – qui n'est en rien condamnable, tant que l'homme reste le cœur de la recherche –, en pensant que ce progrès se substituera à tout, qu'il nourrira toutes les faims, répondra à toutes les inquiétudes, remplira tous les vides, apportera toutes les réponses. Mais à quoi serviront les réponses, si plus personne ne pose de questions ?

*

Il neige ! Et comme toujours, cette neige provoque chez moi une bouffée de bonheur irrépressible qui bulle dans ma poitrine. J'ai l'impression que me poussent des moustaches de chat. Avec la même fascination que pour le feu, je contemple la chute des flocons, si gros qu'ils promettent l'ensevelissement des rues et des trottoirs, des toits et des jardins – une virginité éclatante pour la ville, une leçon d'élégance. Paris prend la pose comme au-devant du chevalet d'un peintre impressionniste, ou pour fixer la touche précise d'un Gustave Caillebotte. Je prie pour que cette chute aérienne ne cesse pas avant des heures, voire des semaines, et que chaque matin, la neige, cette ruse mystérieuse de la nature, refasse le lit de Paris, repasse les draps blancs et regonfle les coussins duveteux posés sur les automobiles. J'aime, dans ces jours neigeux, que chacun retrouve son âme d'enfant. Expulsés de leur routine, les gens reprennent l'exercice d'une attention alerte, que leur train-train quotidien a étouffée jusqu'à la suffocation. Les voilà vigilants sur ce qui les entoure dans ses moindres détails. Ils marchent avec la délicatesse précautionneuse d'un oiseau échassier. Ils regardent leurs voisins avec aménité, et tout ce qui se présente à eux, lampadaire, arbre, panneau de signalisation, comme autant de secours providentiels. Bras dessus, bras dessous, les plus anciens s'aventurent. Il faut tout évaluer. La résistance des semelles, la profondeur de la neige, la présence des arbres et d'aides secourables. Les plus jeunes rêvent de ce qui terrorise leurs aînés : des glissades, des virevoltes, de l'inouï. Ils s'ébrouent sous les boules de neige. Ils rient. Rit-on sous la pluie, sous l'orage, sous l'accablante canicule ? Avec la neige, les délices de l'imprévu et la saveur d'un chaos familier électrisent les esprits. Avec la neige, les gens sont enclins à s'aimer.

Évidemment, il y a les rabat-joie. Ceux qui s'accrochent au principe de réalité. Objectent le froid, la boue prochaine, les chaussures détruites et les pauvres qui dorment dehors et gèlent la nuit. Pourquoi, dans ce que le monde a de plus ingénu – une chute de neige –, faut-il qu'il y ait toujours des esprits chagrins qui cherchent à vous culpabiliser et vous rendre honteux de cet élan joyeux et enfantin ? Ne saisissent-ils pas la charge poétique de la neige sur la ville et sur les esprits ? Ne voient-ils pas qu'en temps de glace, les barrières entre les gens et les mondes fondent parfois, le temps d'un flocon ?

Février

Jean-Sébastien Bach est l'ami du Christ. Cioran s'amusait à dire que Dieu lui devait beaucoup. Pour entrer dans cette amitié, Bach nous a laissé des clés : Les *Passions* et l'« Agnus Dei » de sa *Messe en si*, mais encore ses cantates, les seules créations qui rendent les numéros chers à mon cœur : cantate 170, cantate 54… Les écouter tout à fait recueillie, surtout lorsqu'elles sont chantées par Alfred Deller, me donne la sensation que la musique répète ce qui est mais n'existe pas encore. Elle est d'une telle évidence que tout se met en place autour d'elle, et qu'elle ordonne jusqu'au chaos. Me voilà au cœur du Mystère, et quoique cette expression semble éculée, je n'en trouve pas d'autre pour exprimer ce sentiment d'être dans ce qui se joue et se rejoue indéfiniment dans le Mystère, et dans le même temps d'être *cueillie* par chaque note, chaque chant d'orgue, chaque inflexion de la voix.

Chaque fois que j'écoute cette musique, mon âme se dilate, et j'avance un peu plus dans la simplicité du christianisme. J'éprouve ce bouleversement intact et intime d'une révélation, comme au pied des personnages de Piero della Francesca, dans le faisceau de leur regard, ou dans la levée de tous les voiles qu'opère la poésie. Quel dommage qu'aux dimanches, toutes les églises ne diffusent pas la musique de Jean-Sébastien Bach, qui rendrait les sermons et les explications inutiles, et dissoudrait le scepticisme le plus encrassé ! Quel dommage qu'avant Pâques, on n'observe pas un carême de toutes les musiques, et surtout de celles qui font tant de bruit dans les rues, les restaurants, les magasins et à quoi on nous interdit d'échapper. Ah, arriver aux offices de Pâques l'âme préparée par le silence à cette rencontre céleste !

*

À quoi suis-je invitée, en tant que femme, sinon à déployer ma spiritualité, dont le christianisme reconnaît la singularité et la plénitude ? J'évoque ici, bien sûr, les textes fondamentaux et non les déformations que les siècles, avec leurs contempteurs du féminin, leur ont infligées. Lisons : « Un signe grandiose apparut au ciel : une femme ! Le soleil l'enveloppe, la lune est sous ses pieds et douze étoiles couronnent sa tête ; elle est enceinte et crie dans les douleurs et le travail de l'enfantement. » Voilà ce qu'annonce, au son de la septième trompette, l'Apocalypse de Jean (12, 1-2). Voilà comment le christianisme voit la femme : comme l'amont et l'aval de l'histoire des hommes. Debout à l'origine du monde aux côtés d'Adam, elle se dresse contre la Bête à l'heure du dévoilement final. Elle *est* le principe religieux de la nature humaine. Satan, alias Lucifer, l'ange déchu, ne s'y est d'ailleurs pas trompé. Lui qui fut avant elle l'Étoile du Matin auprès de Dieu choisit Ève pour provoquer la Chute. Non qu'il l'ait jugée inférieure ou plus facile à tenter qu'Adam – imagine-t-on le Prince de l'orgueil douter de ses pouvoirs de séduction ? –, mais parce qu'en la corrompant, c'était le cœur même de l'homme qu'il corrompait.

La femme est le principe religieux éclatant puisque c'est à elle qu'il appartient, selon la volonté de Dieu (Genèse 3, 15), de briser la tête du serpent. Dieu, s'il l'avait jugée *indigne*, voire d'une essence inférieure à l'homme, lui aurait-il confié pareille mission ? L'aurait-il chargée de cet acte qui n'est autre que la résolution de l'histoire ? Enfin, l'aurait-il choisie pour s'incarner ? Or, Dieu a élu le corps de Marie pour en faire son Temple. Puis il a laissé Marie – Marie dont le nom est l'anagramme du verbe « aimer » – *élever* son Fils jusqu'à son entrée dans la vie publique, à trente ans. En consentant à cet enfantement, Marie est celle qui a *accompli* la Nouvelle Alliance. Elle a divinisé le monde. La femme *est* le principe religieux parce que, dès l'origine, Dieu l'a voulue libre. Non pas soumise à l'homme, ni son inférieure, mais sa moitié, tout à fait libre de se déterminer et de s'affranchir, ce par quoi Satan l'a abusée.

Longtemps, cette prodigieuse capacité spirituelle de la femme a été affirmée par les premiers exégètes du christianisme, les Pères de l'Église, et sans qu'ils cherchent à établir un jeu trouble de comparaison entre les deux sexes : « La femme est à l'image de Dieu à l'égal de l'homme. Les sexes sont d'égale valeur. Égales les vertus, égaux les combats. L'homme serait-il même capable de rivaliser avec une femme qui mène vigoureusement sa vie ? » écrit Grégoire de Nysse au IVe siècle, dans les pas d'Origène qui précisait, un siècle avant lui, que « la divine Écriture n'oppose pas hommes et femmes selon le sexe. Le sexe ne constitue aucune différence devant Dieu ». Pour autant, s'il n'existe pas de supériorité de l'un sur l'autre devant Dieu, la différence existe bien dans la façon dont l'homme et la femme vivent leur lien avec la divinité, celle dont ils perçoivent leur rapport intime avec l'Esprit, et la manière dont ils exercent leurs charismes.

Longtemps, j'ai récité « Je vous salue, Marie » sans savoir alors que je répétais les phrases mêmes dites par l'archange Gabriel à la Vierge, pour lui annoncer que le Seigneur était « avec elle ». Et plus tard, j'ai réfléchi à ces mots de l'« Ave Maria » et à la nature de cette liberté qui était mienne de donner la vie ou pas. Je restais la maîtresse de cette décision. Cependant, sans grossesse, sauf à m'inventer mère autrement, ce que tant de femmes ont su faire avec éclat, la création resterait inachevée puisque je ne l'aurais pas accomplie en moi. Ce jour où j'ai réalisé ce pouvoir et ma liberté de l'inventer autrement, comme le firent, toutes proportions gardées, tant de « suiveuses » du Christ, et parmi elles celle qu'on appelait justement la Madre, la Mère, Thérèse d'Avila, ce jour-là donc j'ai pris conscience que, par cette liberté, la femme est l'union de la vie et de la pensée, du transcendant et de l'immanent.

Le mystère qui est propre à la femme est indissociablement lié à celui de la vie – de même sa spiritualité. Pour cela, par cela, elle entretient avec le cosmos un rapport particulier, intime et privilégié, une connivence qui l'ouvre à ses métamorphoses, sensible au vrai, au beau et au juste, cet ordre ancien dont elle garde une puissante nostalgie comme elle a la nostalgie du Jardin. Le souvenir de l'Éden modèle sa spiritualité. Elles sont d'ailleurs nombreuses, les mystiques qui ont inventé une liturgie personnelle faite de plantes, de fruits et de fleurs, dont elles ont cherché très tôt les vertus curatrices. Celles-là ont vu la nature comme une guérisseuse et tiré des simples, des pierres et des cinq éléments des hypothèses de guérison. Car c'est un fait de la spiritualité féminine que de créer un ordre dans le cosmos, un ordonnancement qui endigue le chaos. Parmi elles, bien sûr, Hildegarde de Bingen. Et peu comme cette moniale ont su prolonger l'amitié entre l'homme et la nature, et construit un dialogue avec l'univers. Il existe authentiquement une mystique de l'écologie particulière aux femmes attentives à s'ouvrir aux beautés de la création, celles qu'Hildegarde appelait les « subtilités des créatures divines ». N'a-t-elle pas chanté *La Symphonie des harmonies célestes*, ou écrit ces phrases rimbaldiennes : « L'émeraude pousse tôt le matin, au lever du soleil, lorsque l'astre devient puissant et lance sa course dans le ciel » ? On a souvent vu de la superstition dans ces recours aux décoctions, dans cet usage de pierres et d'amulettes, et la figure de la sorcière a surgi dans l'imagination des hommes que la *puissance* des femmes a toujours effrayés. Or ce pouvoir, salvateur, n'est rien d'autre que celui de maintenir un rapport de vie entre l'esprit et la nature.

Que je le veuille ou non, ce *fiat*, cette étincelle créatrice éminemment sacrée, fait de la femme l'être du monde. Et comme femme, je me sens privilégiée par la grâce qui m'est donnée d'être mère – en gardant toujours à l'esprit que le fait d'être mère est d'abord un acte spirituel avant d'être biologique : il importe d'être mère en esprit, qu'on ait ou non des enfants. Et cette maternité, toutes les femmes y sont appelées.

Donner la vie oblige. Aimer oblige. L'impératif de protéger la vie sous toutes ses formes est mon impératif féminin. Une mère entre dans le temps de Dieu, qui est celui de la croissance et de l'accomplissement de son enfant à qui elle se dévoue, comme on le dit, « corps et âme ». C'est à elle que revient d'*augmenter son être* et de l'orienter vers la lumière. Et c'est encore aux lieux où s'accomplissent les mystères, ceux de la naissance, de la maladie et de la mort, que les femmes se tiennent spontanément – maternités, hôpitaux, maisons de retraite. Leur dévouement, l'exemple d'amour qu'elles prodiguent autour d'elles sont fructueux : par là, elles réenchantent les esprits désolés par la solitude et dévastés par l'idée que le ciel, désormais, serait vide ; par là, elles choisissent, dans une souveraine liberté, d'exercer le seul vrai pouvoir qui nous soit donné – rendre heureux.

*

Lu, en écho, cet appel de Paul Evdokimov au terme d'une conférence sur « Le devenir féminin selon Nicolas Berdiaev » : « L'homme guerrier et technicien déshumanise le monde, la femme orante l'humanise en tant que mère qui veille sur toute forme humaine comme sur son propre enfant. Mais la femme n'accomplira sa tâche que si elle accepte le ministère des "vierges sages" de la parabole, dont les lampes étaient remplies des dons de l'Esprit saint, si, *gratia plena*, elle suit la *Theotokos*. (…) Aujourd'hui, face à la tragédie du Tiers Monde, face au matérialisme vécu, à la pornographie, à la drogue, face à tous les éléments de décomposition démoniaque, c'est la femme qui, après avoir formulé avec la Vierge le *fiat*, est prédestinée à dire non, à arrêter l'homme au bord de l'abîme, à lui montrer sa vraie vocation… »

Mars

Je dois vous avouer que rien ne me met plus en joie que le printemps. Ce jaillissement de vie dans les cœurs, qui répond au jaillissement de sève dans la nature, aux bourgeons qui explosent, aux becs d'or des merles qui modulent leur musique, me donne une force sans pareille, en quoi je puise toutes mes épiphanies personnelles. Entre deux ondées, le printemps vient de s'annoncer dans le frémissement des rameaux tout contre le ciel, dans les brins d'herbe guerriers où perce la violette, et dans les buissons d'étourneaux de retour sur la ville. Les rameaux : ces frêles branches lourdes de bourgeons, gorgées de sève, puissantes de cette *viridité* qu'évoquent si souvent Catherine de Sienne et Hildegarde de Bingen. Viridité ? C'est un mot oublié aujourd'hui, qui vient du latin *viriditas*, et qui exprime à la fois la force de vie présente dans la nature, la sève que lui instille l'Esprit et le pouvoir de germination fertile qui est la sienne. Au printemps, tout semble réuni pour moi seule : la joie et les premières caresses du jour, les poussières dansant dans les rais obliques et bleus du soleil. Tout frémit pour me redire ces vers de Rilke : « Les anges sont le pollen de la divinité en fleurs. »

*

Ces jours-ci, la nature accroche à ses paysages des peintures ravissantes : le plumetis des bourgeons à peine éclos aux branches posé sur la transparence du ciel, ou le sol moucheté des gouttes de pluie vigoureuses de mars. Tout nous invite à partir au hasard dans les rues ou sur les chemins, poussé par la brise printanière, pour marcher à vif jusqu'au cœur des hommes.

C'est le moment : nul n'est insensible à la verdeur de l'air, aux promesses des sèves. On peut donc avancer et ponctuer sa route de regards, au hasard des yeux de l'autre qu'on croise, avec un sourire *désarmant* aux lèvres. Il s'agit d'être un pollen de douceur et d'humanité – il portera ses fruits, il épanouira d'autres sourires, fleurira de petits bonjours, de quelques salutations. C'est fou ce que ça marche : sur les âgés, les jeunes, les tout-petits. Et sur tous ceux qui n'en ont vraiment pas l'habitude, les étrangers, les travailleurs de force agités par leur marteau-piqueur.

Il s'agit d'être vigilant dans son sourire et qu'il vienne de l'âme – un sourire musical. Il s'agit de considérer que chaque personne croisée est debout sur un rivage et qu'elle nous attend, tandis que quelques instants auparavant encore, dans nos petites barques, nous étions encore à pleurer la stérilité de nos pêches. Il s'agit de garder l'œil sur ces rivages, et de nous remettre en tête ce verset de l'Évangile de Jean : « Au lever du jour, Jésus se tenait sur le rivage, mais les disciples ne savaient pas que c'était lui. » Après tout, c'est peut-être cela aussi « faire ses pâques ».

*

On peut s'éloigner beaucoup sans déplacement géographique. L'expression « Il ou elle ira loin » l'affirme. Raymond Queneau a joué sur l'ambiguïté de la formule. « Jolie comme elle se présente, elle ira loin », prédit un personnage alléché par le minois et la curiosité d'une jeune fille quelque peu délurée, à quoi un esprit pragmatique répond : « En Argentine. »

Ce « loin », promis comme la métaphore d'un bel avenir, suggère une mise en route d'une autre nature qu'un envol pour les Caraïbes, et bien d'autres bagages. Il s'agit de prendre ses distances avec son monde, mais des distances subtiles, qui ne s'étalonnent pas comme un Paris-Singapour, qui ne se mesurent ni en kilomètres ni en heures d'avion. Elles s'évaluent aux applaudissements de la foule et au nombre d'escales dans les magazines people (les apparitions dans ces pages sont au succès ce que la carte postale est au voyage : une image paradisiaque, soigneusement mise en lumière et mensongère au moins par omission). Mais de quoi s'éloigne-t-on vraiment en atteignant ce « loin » ? Quel exil impose-t-il ? Et partant, quelle solitude ? Quel péage ce lointain prophétisé et prometteur de succès exige-t-il des candidats à la migration sociale ?

La rupture, déjà. Si je m'éloigne, si je m'élève, alors ceux que je connaissais jusque-là, je les perds de vue. Puis je les perds tout court. J'ai rompu les liens. J'ai franchi une frontière et ce qu'elle induit spirituellement : une tension et une émotion. « Elle ou il ira loin », la tournure sous-entend aussi l'irréversibilité du voyage. Un chemin sans retour aux lieux d'origine. Les romans du XIXe siècle ont raconté ces conquêtes et ces courses à la gloire, et le prix que le destin présentait toujours à ceux qui avaient osé vouloir échapper à leur naissance. Romans d'initiation – rites de passage cruels qui apprennent la violence de la vie, la méchanceté des hommes et le souci de durer de la société, toujours hostile aux artistes et aux comètes. Ce « loin » dirait alors la distance entre l'innocence des illusions et le dessalage de l'expérience. Aller à ce « loin », ce serait aussi se mettre hors la loi – celle du commun des mortels que l'aile de la gloire ne frôlera jamais ou sinon par erreur, par hasard et presque contre sa volonté et qui, s'il le convoite, ne pardonne pas à celui qui l'entreprend. Non parce que la voie d'une réussite exceptionnelle ne peut s'emprunter sans renoncer au péril délicieux d'un chemin dans la profondeur, ni parce que la descente en soi qu'impose l'exploration solitaire de son être est ennemie de la publicité et de la gloire, mais parce que ce voyageur entreprenant fait bien plus que parcourir le monde : il l'abandonne pour une autre planète. Et c'est bien ce qui rend le retour impossible. De tous les éloignements permis, celui-ci est le seul dont on ne peut jamais revenir pour vivre parmi les siens comme s'il ne s'était rien passé, hormis les savoureuses mésaventures vécues lors des autres voyages et qu'on raconte des années durant, aux mêmes, quand les repas se prolongent.

Qu'on s'exclue dans l'ascèse et le silence d'un monastère, qu'on s'aventure dans les passes chaotiques de la Terre de Feu, qu'on explore des villes exotiques ou même qu'on s'égare dans des métiers absurdes et des expériences contraires comme le vent, on peut toujours revenir à son point de départ. Si l'on n'en ressort pas tout à fait indemne, on est accueilli comme l'oncle d'Amérique, l'excentrique de la famille, l'hurluberlu affectueusement toléré. On se voit affectueusement taquiné pour sa témérité. Mais après l'envol vers le succès, la gloire, les trompettes et les tambours, quel atterrissage ? Ce « loin » impose un exil permanent. Il rend apatride. Est-ce parce que le succès vole quelque chose aux laissés-pour-compte, à ceux qui ont souri ou pleuré le jour du départ ? Est-ce parce qu'ils estiment que l'intrépide a pris la place qui leur revenait ? Est-ce parce qu'ils se sentent trahis ? Est-ce parce qu'on ne lui pardonne pas d'avoir failli et alors d'avoir détruit quelque chose de ce rêve qui nous porte tous, que cultivent les parents et qu'annoncent, sagaces, les vieux de la vieille à qui on ne la fait pas ? Il ou elle ira loin, mais s'il ou si elle y va, ce sera pour ne plus revenir, sinon pour porter la preuve qu'il y a bien un serpent au paradis, que le rêve peut virer au cauchemar et que la chute sera, de toutes les chutes, la plus dure.

On ne pardonne pas le triomphe – quoique

l'envie sauve les apparences. Mais on pardonne encore moins cet échec particulier. Il retentit comme un blasphème contre le dieu de la célébrité, la divinité de la grande loterie humaine, les idoles de l'arrivisme et de la renommée inespérée, à quoi le monde actuel invite chacun d'entre nous – comme l'avait prédit Andy Warhol – puisque chacun d'entre nous aujourd'hui peut avoir droit à quinze minutes de célébrité mondiale. On comprend alors pourquoi ceux qui sont allés authentiquement loin, qui sont montés jusqu'à l'oxygène raréfié des consécrations que leur ont offertes leur travail et leur œuvre élaborée en tissant, jour après année, la matière imputrescible du temps, pourquoi ceux-là ont souvent choisi la cellule d'un moulin, la cabane au Canada, l'humilité de la retraite et, finalement, toute leur œuvre comme couverture. Et pouvaient-ils trouver un camouflage plus éclatant ? Et un voyage plus vertigineux ?

*

J'ai été invitée à parler de Thérèse d'Avila à Molsheim, sur le piémont des Vosges, puis à Strasbourg, où l'on fête le millénaire de la cathédrale. Dans ces deux villes et leurs paysages, j'ai laissé mes yeux guider mes pas. Autant dire que j'ai goûté pleinement aux plaisirs de la promenade – ni un exploit physique ni une activité digestive, mais le bonheur de retrouver des chemins à un rythme qu'aucune activité, aucun impératif, aucune modernité ne dicte. Ainsi, j'ai laissé venir en moi la limpidité singulière de ces lieux, qu'une neige tardive avait saupoudrés avec délicatesse. Le vol des corbeaux ressuscitait la peinture des Brueghel. Les gens croisés sur mon passage disaient bonjour et souriaient. Parvenue au sommet de la colline striée de ceps, j'ai eu toute la plaine dans mes yeux et, à mes pieds, les longs bâtiments de la chartreuse de Molsheim, élevée en 1598, au cœur des guerres de Religion, et le clocher de l'église des Jésuites, qui se pousse du col par-dessus les toits. J'ai eu la résille délicate des branchages qu'on imagine, l'été, peuplés de mésanges nonnettes.

J'ai mis un moment avant de comprendre ce qui, dans ce paysage, me donnait ce sentiment de connivence et de découverte. Puis j'ai réalisé devant cette plaine, cette ville, ces vignes aux sarments dressés en espaliers, ces maisons aux couleurs de dragées et ces toits pentus couverts de tuiles plates et rondes, ces colombages chantournés, que rien de tout cela ne pouvait exister ailleurs. J'avais sous les yeux une signature concertée de la terre et des hommes, l'expression de leur vision du monde que rien, jusqu'à peu, n'avait fait balbutier. Ils avaient voulu dire quelque chose d'eux et de l'amour, et l'avaient dit avec force.

Ce sentiment m'est revenu le lendemain, à Strasbourg, lorsque au détour d'une rue j'ai découvert la cathédrale : dès le premier regard, le premier « Oh ! » échappé de mes lèvres, je me suis sentie aspirée par ses fûts de grès rouge, ses dentelles et ses fusées de pierre, et par elle j'ai été lancée au ciel. Ce n'est pas le prodige architectural qui m'éblouissait, mais la force d'émotion qu'incarnait toujours cette église commencée mille ans auparavant. Sa force d'éternité aussi : combien d'anonymes avaient dû mourir pour que les flèches volent plus haut encore, conquièrent avec cette délicatesse une part de plus au vide, et me protègent moi, mille ans plus tard, du vertige du néant ? Je pensais alors être au comble de l'éblouissement. Et puis, la porte poussée, deux pas dans la nef, et dans ce silence splendidement jeune et frais, ce silence propre aux cathédrales, j'ai reçu le ruissellement de lumières jaillies des vitraux. Hormis la foi, quelle science, quelle magie permettent donc d'atteindre cet équilibre d'ombres et de couleurs, de vide et de présence ? Et comme, d'un seul coup, le Mystère ne demande plus d'être élucidé !

Mille ans d'espérance et de travail, d'efforts et d'abnégation, mille ans de foi jamais pétrifiée et pourtant dite pierre après pierre... Et d'un seul coup, j'ai entrevu combien le mystère de l'amour, qui est la douleur, peut prendre une forme plus mystérieuse encore, qui est le Temps.

*

Ma grand-mère maternelle a passionnément aimé trois hommes : Jean XXIII, Paul VI et Jean-Paul II. Elle éprouvait une immense vénération pour eux et tout ce qu'ils disaient s'avérait pour elle parole d'Évangile. Elle ne manquait pas une seule actualité les concernant et rien ne pouvait la rendre plus heureuse que de les écouter dire la messe dès que la radio puis la télévision l'ont retransmise. Un son de leur voix et elle était aux anges.

Mon grand-père, qui avait fait la bataille de Monte Cassino et débarqué à Rome avec les troupes américaines, en était revenu avec une bénédiction spéciale du pape Pie XII. Elle avait été aussitôt encadrée et accrochée, à une place d'honneur, dans la maison. Ma grand-mère en était fière, mais maintenait avec Pie XII une distance pleine de révérence. C'est lorsque Jean XXIII a été élu que son cœur s'est véritablement gonflé de tendresse. Elle aimait chez lui sa douceur et sa bonté, et ce petit côté rond simple et jovial qui lui faisait la foi à fleur de regard. Elle estimait que Pie XII, c'était le pape de mon grand-père – un pape d'hommes en quelque sorte, un intellectuel, comme l'attestaient ses lunettes rondes cerclées de fer. Tandis que Jean XXIII, c'était un pape pour les femmes, qui ont avec Dieu, avec Jésus, Marie et tous les saints une intimité délicieuse, une familiarité tendre – ce que certains appellent une « foi populaire ». Ainsi, elle n'aurait jamais osé mettre un bouquet de violettes sous la bénédiction de Pie XII. Mais sous le portrait de Jean XXIII – « notre bon pape », me disait-elle –, elle glissait toujours trois fleurs des champs, une rose fauchée à d'autres bouquets qu'on lui avait offerts pour des occasions bien plus profanes et qu'elle surnommait ses « fleurs buissonnières ». Ce portrait, elle l'avait aussitôt accroché à côté de la bénédiction rapportée de Rome et s'était résolue d'écrire au Saint-Siège pour en obtenir une du nouveau souverain pontife. Elle se disait qu'une piqûre de rappel ne ferait de mal à personne dans la famille…

Puis elle a reporté sur Paul VI la confiance radicale qu'elle avait en Jean XXIII – sans se cacher pour autant de continuer à avoir un faible pour le « gentil pape Jean ». C'est Jean qu'elle priait en silence, tout bas, pour qu'on ne surprenne pas cette infidélité posthume, ce dont elle s'excusait aussitôt auprès du nouveau successeur de saint Pierre. Mais… elle avait le cœur et l'âme fidèles à ce prélat dont elle s'était sentie tellement aimée, aimée personnellement, elle, la petite Aurélie, fille des Alpes-de-Haute-Provence. Lorsque Jean-Paul II a été élu – « Tu te rends compte, mon huitième pape ! » disait-elle en me rappelant qu'elle était née sous Pie X –, elle a été un peu déroutée. Un pape polonais ! Mais elle s'est rapidement laissé conquérir par la bonté qu'irradiait cet homme, par la lumière de sa foi. Elle a vieilli dans son sourire. Elle l'a suivi dans ses voyages. Elle aimait que je lui raconte mes séjours à Rome, et plus encore au Vatican, lorsque j'allais y faire des reportages. Elle me faisait répéter mon récit sur l'audience que Jean-Paul II avait donnée dans la grande salle Paul-VI, un mercredi d'hiver, où je l'avais vu arriver épuisé, à petits pas, et ressusciter de sa fatigue aux sons des fanfares de village qui l'avaient accueilli et plus encore dans les bras du tout petit enfant qui s'était précipité vers lui, dans un irrépressible élan de tendresse. Qui a vu cet amour dans les yeux d'un homme, un amour bouleversé par la beauté de cette présence – un petit être à l'aube de sa vie, fort de toutes les promesses que chaque enfant apporte avec sa naissance –, ne peut plus jamais, jamais, jamais l'oublier. Elle aimait que je lui redise cette anecdote, que je revienne sur le souvenir que j'en avais et qu'elle faisait sien. Et un jour j'ai pris conscience que ce n'était plus elle qui me racontait une histoire, elle assise au bord du lit de mon enfance – une histoire, toujours la même –, mais moi qui désormais, au mot près, reprenais cette liturgie secrète du conte qui arme contre la nuit.

Un jour que j'étais à Rome, j'assistais une nouvelle fois à ces audiences du mercredi qui sont toujours d'intenses moments de communion et de joie. J'étais sur le parvis de la basilique Saint-Pierre, en plein air, et Jean-Paul II, très fatigué, tassé en aube blanche dans son fauteuil, parlait dans son micro. Et d'un seul coup, j'ai songé à ma grand-mère – elle était alors très âgée –, et je l'ai appelée. Quand elle a décroché je lui ai dit : « Je suis à Rome, avec le pape. Écoute-le, c'est lui qui parle. » Puis je me suis tue pour laisser la voix de Jean-Paul II entrer dans mon téléphone, et parvenir à son oreille. Merveilleux hasard, c'était au moment même où le pape remerciait la dernière délégation, un groupe de fidèles venus d'Émilie-Romagne, juste avant de nous donner sa bénédiction finale. Lorsque je suis rentrée en France, toute ma famille m'a pressée contre son cœur. Depuis ce coup de téléphone, ma grand-mère flottait dans un bonheur indicible, qui lui faisait oublier son asthme et ses douleurs. Elle ne quittait plus son sourire extatique. Je savais que je ne pouvais que lui avoir fait plaisir en pensant à elle, et en lui transmettant la bénédiction *urbi et orbi* du saint-père. Mais à ce point ! Et puis j'ai compris : tout le monde était épaté que j'aie pu obtenir du pape qu'il téléphone personnellement à ma grand-mère, qu'il remercie « Aurélie et ton âme » et la bénisse, au nom du Père, du Fils et du Saint-Esprit.

Je l'avoue aujourd'hui que ma grand-mère est partie rejoindre son cher pape Jean, et son cher pape Paul, et son cher pape Jean-Paul, je ne lui ai jamais dit, ni à elle ni à personne, ce qu'avait réellement prononcé Jean-Paul II ce mercredi-là, ni qu'elle avait confondu Émilie-Romagne avec « Aurélie et ton âme ». Et parfois, je me surprends même à penser qu'il n'y a peut-être jamais eu de confusion – que ce « Je te remercie, Aurélie et ton âme, et je te bénis au nom du Père, du Fils et du Saint-Esprit », elle l'a, en vérité, très distinctement entendu, parce qu'il le lui a très distinctement dit.

*

Je dois à Lucien Jerphagnon, mon maître érudit et espiègle, dont chacun des livres m'a transformée en piéton de l'Antiquité, de relire les mythes avec l'œil d'un anthropologue. Lui pour qui ces textes n'étaient pas des fables mais des explications du monde, lui pour qui les mythes constituaient la première forme du rationnel m'a appris à m'exercer à la métaphore. Il avait adopté la vision de Xénophane de Colophon, qui voulait que les dieux n'aient pas tout dévoilé aux mortels dès le commencement mais en les incitant à chercher pour qu'au fil du temps, ils découvrent le meilleur. Me voilà donc, détective complice, à enquêter entre les lignes de ces histoires pour relever les prémisses de nos erreurs, triomphes et crimes. L'investigation ainsi menée m'amène à comprendre pourquoi, quelles que soient les visions du monde qui se sont succédé à partir de leur composition, ces légendes sont demeurées. On ne s'en étonne plus lorsqu'on retrouve dans les mésaventures des dieux et des héros la métaphore des nôtres et de notre histoire. Après tout,

Sigmund Freud y a bien déniché les archétypes de nos conduites et l'archaïsme de nos inconscients.

C'est à cette lumière que je relis l'épopée d'Alexandre le Grand et la légende du nœud gordien. Qu'importait au jeune conquérant de dénouer ou pas ce nœud qui ne lui barrait en rien la route ? Certes, on disait de ce nœud que celui qui le déferait se verrait offrir l'Asie tout entière. On conçoit qu'Alexandre ait voulu être celui-là. Triompher de l'exercice aurait électrisé ses troupes. Hélas, loin de chercher à comprendre ce que ce casse-tête recelait de sens caché, quel passage initiatique sa résolution impliquait et comment elle pouvait donner des clés bien plus subtiles de l'Asie, cet autre versant du monde qu'il convoitait, Alexandre, impatient de satisfaire sa soif de victoires et dépité de son échec à trouver ne serait-ce que le bout de la corde, a préféré la solution brutale. Il a tranché d'un coup d'épée. Il est passé en force. Ce faisant, qu'a-t-il perdu d'emblée de ce monde nouveau qu'il pénétrait, et dont nous ignorons l'essence à notre tour, incapables depuis des siècles de faire ce qu'il aurait dû faire : déposer nos armes – raison, philosophie, principes –, prendre le temps de penser selon les vues de l'autre et accepter le renversement probable des ordres, comme dans l'hémisphère sud où l'eau, quand elle se vide dans un siphon, inverse son tourbillon ? Déjà, Alexandre a refusé de réfléchir à cette première énigme que plus jamais personne n'aura dès lors le loisir de résoudre : comment conçoit-on un nœud dont le début et la fin – les deux bouts de la corde –, soit les moyens de le défaire, sont placés au cœur même du nœud ? On connaît la réponse du jeune conquérant aux prêtres de Gordion qui lui avaient présenté le char du légendaire roi Midas, le roi aux mains d'or, dont le timon était attaché par ce nœud réputé inextricable : « Peu importe la façon dont il est dénoué, ce qui compte c'est qu'il le soit. » Ce qui comptait donc, à ses yeux, c'était que les prêtres gardiens du nœud le reconnaissent comme le futur maître de l'Asie. Ce n'était pas qu'il prouve son mérite à l'être, par la preuve de sa patience, de son humilité et de sa sagacité. L'argument d'Alexandre rappelle notre adage « La fin justifie les moyens ». Il entraîne que soient blanchies toutes les tricheries, jusqu'à ce qu'on oublie qu'aucune fin n'est haute ni glorieuse si elle n'a pas été accomplie selon les règles, et avec les moyens qui la consacrent.

Déjà, un autre Grec s'était hissé au rang de

héros sans accepter d'en payer le prix. Ulysse, tant aimé de notre siècle, invente par la ruse un moyen de satisfaire ses désirs sans concéder aucune part de lui-même, fût-ce sa vie. Il refuse de s'acquitter du prix qu'exige le ravissement éprouvé à l'écoute du chant des sirènes, si puissant, si envoûtant et merveilleux qu'il entraîne la perte de soi et la mort. Ulysse dénoue le couple Éros et Thanatos, de la mort consentie par la jouissance. Il invente le moyen d'écouter les sirènes sans succomber, de s'offrir le frisson sans le péril du frisson, qui fait pourtant toute l'essence du frisson. Or, que peut porter encore le chant d'une sirène si un seul être a pu résister à son enchantement, ne serait-ce qu'une fois ? Que reste-t-il du pouvoir d'Orphée si l'on refuse de lui abandonner toute volonté, tout ego, ou toute autre pensée quand on l'écoute ? Si l'on fait entrer dans cette écoute une part, même infime, de soi-même ?

Désormais, à la veille d'un voyage, je songe à Alexandre et à son nœud gordien. Je me demande si j'ai fait en sorte de mériter ma destination. Ai-je médité sur la calligraphie de l'alphabet, le dessin des idéogrammes, le sens de l'écriture, la sonorité de la langue ? Me suis-je penchée sur le berceau de leurs dieux, la forme de leurs temples, le goût de leurs fruits et l'usage de leur rire ? Suis-je capable de me laisser pénétrer par leur musique et, pour comprendre leur pays, d'abandonner entièrement, le temps du voyage, le mien et ses habitudes ? Et d'ailleurs, les nations du monde contemporain ne continuent-elles pas, à l'imitation d'Alexandre, de trancher tous les nœuds gordiens au lieu de s'appliquer à en comprendre les mécanismes et résoudre leurs théorèmes – ces nœuds gordiens qui délimitent les frontières physiques, culturelles et spirituelles des autres nations, et que beaucoup envahissent pourtant, à la barbare, sans états d'âme et sans jamais les mériter, ni faire la preuve qu'ils les méritent…

*

À qui laisserai-je ma place puisqu'il me faut mourir ? Je l'avoue, cette idée ne cesse de me sembler hautement cocasse, mais c'est au moins la consolation que je trouve au scandale de ma propre mort – laisser mon tour à d'autres. Quant à ces autres, ils sont tous, d'une façon ou d'une autre, mes enfants. Cette vérité, quasiment une lapalissade, donne un sens à ma propre vie. A-t-on jamais suffisamment réfléchi à ce que pourrait être un monde privé de la mort, et à une humanité qui serait parvenue à triompher d'elle ?

Dès lors, comment ne pas concentrer toutes mes forces pour que leur séjour soit meilleur que le mien ? Pour que le monde – du moins le tout petit monde que je leur laisserai (au moins des frères et des sœurs, un jardin et des livres) – soit plein de bonté, de beauté, de joie et de paix. C'est ainsi que ma vie sera pleinement accomplie. Et c'est sans doute le seul secours que je peux trouver à mon épouvante d'avoir à interroger le plan de la Providence, qui peut seul détenir une explication, et de l'interroger sans obtenir jamais de réponse.

Henri Bergson m'enseigne que j'ai des modèles, particulièrement *doués* dans cette entreprise d'aménagement du temps et de l'espace à l'usage des générations à venir. Les saints, les héros et les artistes. Il est vrai que ces trois-là poussent au rouge le talent particulier qui les singularise. Le saint dans l'amour de l'autre et l'oubli de soi, l'artiste dans la recréation de l'harmonie divine, le héros dans le refus, jusqu'au don de sa vie, de l'injustice et du Mal. Mais est-ce si difficile de tenter de leur ressembler ? Chacun selon ses talents, comme le disait Jésus, qui refuse qu'on les gaspille. Chacun dans la mesure qui lui est propre, avec l'espoir que peut-être, un jour, nous serons capables de ce pas en plus, que personne ne nous demande mais qu'exige notre conscience si nous consentons à lui laisser de temps en temps la parole.

Il y a de multiples « passeurs » pour nous y aider. Leur exemple est un chemin incarné, et c'est lui qui nous éclaire. Il est tracé dans leurs œuvres, écrits, peinture, musique, ou dans la beauté et la force de leurs gestes – toutes ces mises en action de l'esprit. Chacun de nous a ses préférés, et ce n'est pas perdre son temps que de leur consacrer un livre d'or, où inscrire leurs noms et ses propres certitudes – de celles qui nous gardent en vie. Je viens d'ajouter à ma liste, où cohabitent Homère et Rimbaud, Melville et Supervielle, Lautréamont et saint Jean de la Croix… et Tolstoï bien sûr, avec tant d'autres enchanteurs comme Nabokov, ma liste où Schubert et Rameau, Bach et Purcell, Couperin et Satie se promènent librement dans les jardins de Grenade ou sur le port de Buenos Aires, dans les venelles de Sorèze ou au cœur de la cathédrale d'Albi, sur les collines de Rome ou dans le cloître de Saint-Bertrand-de-Comminges… je viens d'ajouter le nom d'Alessandro Striggio, compositeur italien de la Renaissance. Il a écrit une messe à quarante et à soixante voix qu'a enregistrée Hervé Niquet. Qu'un homme ait pu imaginer cette musique composée seulement de voix humaines, qui saisit l'âme et la transporte, est à ne pas y croire. Je l'écoute, les yeux fermés, et tout se dénoue, tout se résout. L'harmonie du monde s'impose. Mais il y a presque plus beau encore : le labeur de ceux qui ont recherché cette partition perdue (notamment Dominique Visse), l'ont retrouvée dans les archives de la Bibliothèque nationale de France, et ont entrepris le minutieux travail du déchiffrage pour nous la redonner à entendre.

On s'émerveille alors de ce qu'a fait, pour le séjour terrestre des hommes, ce gentilhomme de Mantoue né il y a plus de cinq siècles, et dont il a indiqué l'esprit dans le motet qui concluait sa messe : *Ecce beatam lucem*, « Voici la splendide lumière ».

*

On devrait regarder les phénomènes naturels sans jamais perdre le sens des métaphores, ou plutôt chercher comment ces manifestations peuvent nous parler de nous-mêmes. À côté de Naples, un volcan géant couve sous de vastes étendues qui jusque-là, hormis quelques fumerolles, se tenaient à peu près tranquilles. Et voilà, sous l'énorme couvercle des champs qui le maintiennent captif, qu'il pousse et proteste. La croûte qui le recouvre commence à se déformer. Sa température monte. Çà et là, des bulles de lave parviennent de plus en plus souvent à percer le couvercle pour crever à la surface, tant le foyer magmatique se remplit. Lorsque je regarde ces pustules d'où jaillissent les roches en fusion, lorsque je considère les prédictions des sismologues et des géologues qui voient là les prémices d'une possible éruption, je ne peux m'empêcher de penser à notre société et à la violence qui la secoue.

Sous le couvercle du politiquement correct et de la judiciarisation de la parole comme sous l'expansion sans fin des mégapoles et du béton, la violence couve. Elle couve et enfle à la mesure de la disparition de ses exutoires naturels qu'étaient les face-à-face initiatiques de l'homme et de la nature, les explorations aventureuses de contrées inconnues, la purge des peurs ancestrales dans l'élaboration de fables et de monstres fabuleux comme le dragon – dont la dernière chasse organisée date de 1880 ! On a interdit la violence mais on ne l'a pas éradiquée. On a fait mille inventions, on a mis au point mille prouesses techniques, mais rien ne la jugule et pourtant, le seul progrès véritable serait d'en guérir l'humanité. Sa disparition devrait être un préliminaire obligatoire à tout progrès technique, tant il est vrai que les inventions merveilleuses finissent toujours par se mettre au service de la violence. Le pouvoir, tous les pouvoirs masquent leur impuissance à la contrôler sous un glissement d'appellations. On se sert de plus en plus d'images et de termes médicaux pour tricher sur son omniprésence, et ouater la puissance de ses déflagrations. On a ainsi remplacé la guerre par des « frappes chirurgicales ». Et les noirs camions de CRS sont devenus blancs comme des ambulances.

Mais elle est là, partout sous nos pieds. Elle éclate au grand jour dans les relations entre les employés d'une même entreprise. Elle embrase les débats radiophoniques et télévisés, où la violence des attaques ad hominem, la prolifération des insultes et le rire glacial – le ricanement plutôt – des intervenants interdisent toute discussion. Sans même évoquer les philosophes qui, au nom même de la philosophie qu'ils disent professer, entrent dans l'arène, l'imprécation et l'insulte à la bouche. Il y a pire : aujourd'hui, économie oblige, la violence est encouragée dans les écoles de commerce. Elle a d'ailleurs trouvé sa formule, évidemment en anglais : *struggle for life*. Exaltée dans les films et les séries qui encensent les civilisations préchrétiennes – Vikings, Grecs, Perses – ou inventent des royaumes qui décrivent un Moyen

Âge sans christianisme, la violence triomphe partout, et tente de contrer tout ce qui oppose à la parole collective de la haine celle individuelle de l'amour.

*

Le rafraîchissement du cœur et de l'âme que procure l'éloignement mériterait des pages, tant la séparation avec les activités ordinaires oblige à prendre du recul avec ses habitudes qui, souvent, deviennent des tics du comportement. Descartes proposait, pour bien philosopher, de se résoudre au moins une fois dans sa vie à se défaire de toutes ses opinions, quand bien même certaines seraient avérées, « afin de les reprendre ensuite une à une, et de n'admettre que celles qui sont indubitables ». La distance, la solitude, la marche – la rupture physique et mentale avec son quotidien – offrent l'opportunité de procéder à cette hygiène de l'esprit, non seulement pour mieux philosopher, mais pour mieux réfléchir, mieux s'engager et mieux aimer.

Le jeûne spirituel auquel nous invite d'ailleurs le carême – bien plus que la non-absorption de viande ou de gras – ouvre en nous des salles d'attente harmonieuses, vides et ouvertes sur l'intime. Attente de beauté, de vérité, attente d'essentiel. Alors, on peut y murmurer des conversations secrètes avec ses amis, et comme dans une nouvelle demeure, meubler ces espaces vides avec des objets de réflexion les plus essentiels, les plus nourrissants pour l'âme. Objets d'amour et d'attente divine. On est comme en musique, lorsque le compositeur inscrit sur la partition ses mesures de silence, subtilement étagées entre pauses et soupirs. C'est cela même : lors de cette distance salutaire, on a le sentiment de retranscrire sa vie sur une partition de musique, et ces soudains silences sont autant d'arrêts dans l'exécution d'un quotidien le plus souvent imposé par d'autres, et si impérieusement qu'on finit par ne plus s'en rendre compte. On habite alors un « silence nu pur et sans vouloir », aurait dit Hadewijch d'Anvers, on le préserve « car c'est ainsi qu'on reçoit la noblesse que la langue humaine ne saurait exprimer ».

Nul n'est besoin de partir très loin pour provoquer cette distance salvatrice. Mais la rupture avec la technologie – téléphone, ordinateur – reste indispensable, de façon que la parole qui ne répond qu'à de l'information pratique cède la place à une parole personnelle et profonde – quelque chose comme une prière, sous toutes ses formes. Prière qui est un éclat de joie spontanée, prière de la résolution salvatrice, du désir de

Dieu, prière profonde de l'évocation de tous ceux qu'on aime, jusqu'au plus lointain de ses prochains. Dans cette décantation, on réapprend à ne considérer les événements que pour ce qu'ils sont, et non pour le commentaire qu'il convient d'en tirer, et de ces commentaires, d'autres commentaires encore qu'on nous somme de commenter, dans une dérive d'opinions qui nous emprisonnent. Loin des mots d'ordre, on exerce l'acuité de sa vue et de son ouïe. On apprivoise l'idée d'accorder sa confiance à son propre jugement, à ses pensées les plus personnelles et les plus singulières, à les passer à l'examen rigoureux de sa seule conscience.

Bien sûr, ces retraites sont d'autant plus fructueuses qu'on s'entoure de divin avec des paysages choisis. Purs comme la cime de cette montagne qui fit choisir à Simone Weil sa consécration à Dieu et à la compassion, délicats comme nos campagnes dans ce qu'elles disent de la présence continuée de nos ancêtres qui les ont si bien modelées, puissants comme les paysages océaniques et leurs horizons rigoureux et vides, et pourtant emplis de ciel. À les contempler, l'instant se fond dans le temps du cosmos. L'actualité se dissipe comme une brume et avec elle, ses ombres. L'océan se commue en respiration divine. La vie des autres fait silence. Et s'il est impossible de partir vers ces lieux qui proclament glorieusement la présence et la beauté de Dieu, on peut toujours s'allonger et regarder le ciel, de jour et de nuit, pour en déguster tous les degrés de profondeur.

On revient toujours de cette distance – oui, une distance plus qu'une retraite – perfusé d'une énergie radieuse, l'esprit enrichi de puissantes défenses immunitaires contre la grisaille et le découragement. On est *réenchanté*. Entièrement disponible à la joie et préparé pour entrer, une fois encore, une *nouvelle* fois, comme une plongée dans l'océan vivifiant, dans l'étourdissant mystère de la vie.

*

Il m'est difficile, dans cette forme muette et fixe qu'est l'écriture, de dire mon étonnement non pas devant le fait de croire, mais devant celui de ne pas croire – quand bien même l'aphorisme de Louis Scutenaire, ce grand esprit belge ami de Magritte, n'a jamais cessé de me réjouir : « Il est absurde de croire en Dieu, tout autant que de ne pas y croire. »

Je regarde autour de moi. Depuis les abysses effrayants du ciel ouvert sur la nuit, ses myriades de mondes, de gaz, d'étoiles, jusqu'au plus petit des insectes et l'infinité de formes que l'insecte peut prendre. Je fixe avec toute mon attention les fleurs et les écailles. Les plumes et la peau, les poils et les feuilles. Je cherche à inventer à mon tour un seul être qui serait aussi singulier que ceux du somptueux bestiaire qu'est la faune, une seule plante différente de celles de la flore, depuis le cactus jusqu'aux hélices du gardénia, du brin d'herbe aux spores du champignon. Et j'échoue. Mon imagination ne suffit pas. À me croire plus forte que le Créateur, j'ai tenté un jour de prendre un peu de poil à celui-là, des palmes à cet autre, un bec au canard. Et découvert que je n'avais fait que réinventer l'ornithorynque.

Il me reste à m'abandonner à mon émerveillement devant ce miracle qu'est la Vie, que personne encore n'a pu expliquer. Et je me demande par quel étrange cours de l'histoire nous en sommes venus à cette cécité qui nous interdit de voir, de voir en vérité ce que nous avons sous les yeux : la puissance d'une genèse permanente. Et à cet aveuglement qui nous fait oublier que, quoi qu'il invente, quelles que soient ses prouesses techniques ou médicales, l'homme n'est jamais parvenu à créer un atome de vie ex nihilo.

Dieu en preuves, c'est l'univers s'inventant chaque jour dans sa propre sainteté. Comment peut-on rester étanche à cette beauté qui est là, à ce langage du vent, au bruissement des feuilles dans la tiédeur de l'air et qui souvent émeut l'âme au plus profond, plus encore parfois que la plus divine des musiques ? Comment ne pas laisser cette beauté, cette vie nous parler d'elles ? J'écoute le silence d'une campagne du printemps et c'est la respiration de la terre qui emplit mes sens. Dans les pas de Romain Rolland, Pierre Hadot définit cette communion avec la création comme le sentiment océanique de la vie. Oui, c'est cela même, ce sentiment de vie large comme l'océan et qui m'emporte tout entière, moi, petite poussière, que l'ornithorynque rappelle à ses limites, dans l'illimité de Dieu.

*

Comment mon âme quittera-t-elle mon corps, et ce qui pourrait faire qu'elle y consente sans trop regimber ? Parce qu'elle protestera, j'en suis bien certaine. Elle n'est pas sainte, loin s'en faut, et le plus tard sera le mieux : elle aime cette terre, jusqu'à ses chaos, et elle a toujours eu foi en la divine providence qui lui accorderait peut-être un petit sursis, à moins qu'elle ne le lui accorde d'ores et déjà, sans qu'elle le sache encore. Nul mépris ne lui est venu lorsqu'on lui a raconté les mots de la Du Barry au pied de la guillotine : « Encore un petit instant, monsieur le bourreau. » C'est bien ce qu'elle ferait dans la même circonstance, elle en est certaine : mendier un supplément. Elle songe même à la possibilité de ne pas entreprendre ce voyage de l'entre-deux-mondes en solo, elle aimerait bien rencontrer une autre âme sur le chemin afin de dire à saint Pierre, si elle est la seule à être appelée : « Vous permettez que j'invite un ami ? »

La question m'a préoccupée longtemps, jusqu'au jour où j'ai écouté la *Mélodie hongroise en* si *mineur* de Franz Schubert, mon compositeur préféré avec tous les autres, interprétée par David Fray. J'avais enfin trouvé mon viatique, le rythme du décollement de l'âme et du corps. Quelque trois minutes de piano qui gonflent l'âme comme un aérostat, sans pathos, ni grandes eaux, ni grande pompe. Ce morceau de musique suggère avec délicatesse une mise en route d'une démarche enfantine. Une sorte de cloche-pied, joyeux et pourtant trempé de nostalgie, rapide mais sans frénésie ni précipitation, aérien mais avec d'infinies pesanteurs terrestres, une gravité embuée par les soupirs. C'est une musique qui peut s'écouter en boucle, en circonvolutions, et dont il est impossible de se lasser. D'ailleurs, elle a l'éternité pour elle. Il y a par moments, dans le leitmotiv de cette mélodie, des notes qui décrochent en bémols, comme le cœur coule lorsque ses battements s'emballent sous l'émotion, mais elle repart, échafaude des architectures aériennes, des degrés sonores, une douceur sournoise qui ruine toute résistance, impose l'abandon, apaise, qui n'atténuera en rien la lucidité sur ce futur départ, ni qu'il sera irréversible. C'est bien cette mélodie que je demande que les anges musiciens jouent pour m'accompagner dans mon ultime silence.

*

Avril

Qu'est-ce qu'être un voyageur comme j'aimerais l'être : à la façon de Blaise Cendrars, de Jules Supervielle, voire de Valery Larbaud, flâneur des transatlantiques et des machines merveilleuses du progrès (« Prêtez-moi la respiration légère et facile des locomotives hautes et minces ») ? Sans doute devenir un Adam né à chaque voyage. Un Adam pour qui le voyage ne saurait se résumer à un banal déplacement, à un simple mouvement pour aller d'un point à un autre avec, comme dans nos temps modernes, toutes les procédures d'étanchéité : soit ce que nous mettons en place afin que rien n'advienne qui nous mettrait en danger et pourrait opérer une subtile altération de notre identité. Car tel est l'indispensable préalable pour être un voyageur : accepter ce que le voyage exige du voyageur – une perméabilité de l'âme à l'ailleurs, à l'inconnu, à l'autre, afin que la magie opère et que le voyage se confonde avec une quête intérieure... Voyager, c'est d'abord accepter de tout son être la solitude, et alors de se livrer au départ – larguer toutes ses amarres en quelque sorte. « Mais les vrais voyageurs sont ceux-là seuls qui partent pour partir », chantait Charles Baudelaire. Pour autant, il ne s'agit pas non plus de s'évader. L'évadé emporte toujours sa prison avec lui, elle reste son contrepoint, son revers, l'autre version d'un présent qui obsède. Pour lui, partir est une fuite, quand ce devrait être le consentement de toute son âme à ce qui advient.

Accepter l'inconnu ? Certes, avec tout ce que cet accord implique : la perte du langage intelligible, des hiérarchies sociales, du temps domestiqué, et admettre ce qu'entraîne ce dénuement – affronter l'effrayant, ce qui nous projette hors de nos habitudes. Nous abandonnons notre ego pour devenir des hommes neufs, aptes à faire l'expérience angoissante de l'inconnu. Tel fut le sort du capitaine Achab à la poursuite de Moby Dick, et sa résolution : ce « heurt violent : l'attrait ardent infini est l'effroi qui repousse ». Cette virginité est le premier dessein du voyageur, fût-ce au prix de cette peur que chaque voyageur a connue à un degré moindre – peur barbare et opulente d'Achab sur des mers carnivores et monstrueuses qui l'a rendu entièrement à l'instant, à un présent éternel –, peur passagère de l'incident fugitif et parfois drolatique qui surgit lors de nos pérégrinations.

Ainsi projeté, en apesanteur, dans l'espace vide du voyage, le voyageur devient le témoin de ce qu'il regarde. Comme dans une quête intérieure, il *voit*, l'œil grand ouvert, sans ciller. Or, voir est la relation absolue : dans l'attention à l'autre, à ses gestes, à son âme, celui qui voit peut se dissoudre dans la mystérieuse lumière de ses paysages.

Ils sont nombreux ceux qui, frottés à la réalité de lieux qu'ils avaient illuminés de féeries dans l'intimité de leur chambre, contaminés par des relations de voyage qui n'ont pas d'autre objet que d'exciter la fibre du touriste, ont connu des désenchantements. Arthur Rimbaud lui-même,

« l'homme aux semelles de vent », eut à franchir l'écart entre l'Orient rêvé et l'Orient qu'il découvre, entre les « Alleghanys » et les « Libans de rêve » entrevus dans ses *Illuminations*, et un « Harar de cauchemar » qui l'a fait « exilé majeur ». Non, il n'est pas facile de voyager, d'opérer ce désenchevêtrement qui seul permet de se délier de tout ce qui nous retient et nous empiège.

Alors, pourquoi partir ? Pourquoi ce désir de voyage qui jamais ne me quitte et qui souvent, à l'approche d'une autoroute ou d'un aéroport, me saisit violemment ? Pourquoi ce désir d'un ailleurs qu'une partie de moi ne cesse de hanter ? Est-ce parce que, dans l'amplitude de l'espace et l'exercice plénier de la liberté que je recouvre dans mes départs, j'accède parfois à cet « Ouvert » que désire Rilke et par là, à la poésie, à l'absolument autre, quelle que soit leur exigence terrible ? « Il faut être désencombré de tout pour ce voyage dans l'inconnu où nous convie la poésie », disait Gabriel Bounoure. Où nous convie aussi le monde, ai-je envie d'ajouter, et l'Autre aussi, dans son entière étrangeté. Car l'autre est voyage ; il révèle, dans la fugace déchirure de ses voiles, sa présence à peine entrevue dont l'Amour tire sa fulguration. Ainsi la violette dans les herbes de février dont le surgissement – tellement éphémère – m'a toujours ébranlée, à l'image du forsythia du poète Pierre-Albert Jourdan, fleuri dans son jardin : « Il a vaincu la grisaille. Celle de l'esprit. »

Voyage, dont rien, si ce n'est soi-même, ne peut être le but, ni le moyen, mais seulement le véhicule pour embrasser le monde – quand bien même aurait-il l'horrible visage de la chimère qui heurtera Nerval. Le voyage est divin quand il révèle l'essentiel, quand il est découverte de soi-même, de l'autre, et du monde. Il est aussi un état qui rend impossible de céder au sommeil. Alors, il se fait vigilant, intime, profond et d'autant plus solitaire qu'il a exigé un détour par autrui.

Où vont les voyageurs, « ceux dont les bras portent des feuilles ? » interrogeait un poème de Michel Vieuchange. Le savent-ils seulement ? Et moi, est-ce que je sais ce que je poursuis vraiment ? En quête d'un sens qui sans cesse me fuit, mon voyage devient intérieur, dans le suspens d'une révélation, de cet éden qui nous fonde et que je recherche toujours.

Le voyage est-il la consolation du voyageur, comme le proposait Marcel Arland ? Est-ce cet oiseau sans nom qui console les cœurs vagabonds, lorsqu'ils s'égarent dans ce vallon de Cachemire qu'évoque Chateaubriand ?

Est-ce simplement un mouvement, un en-marche, ou plutôt un départ qui n'offre jamais plus que l'espace nostalgique du retour ?

*

Me voilà, à la requête d'un magazine d'histoire et pour les besoins d'une relation de voyage, au cœur du Péloponnèse, dans les hauteurs de Sparte, sur le flanc le plus escarpé du Taygète, au milieu des ruines de ce que fut l'une des villes les plus fameuses de Byzance, Mystra. Il reste, de cette cité où vingt mille personnes vivaient, où étudiants et artistes venaient depuis les confins de l'Empire, des escaliers de pierres polies par le pied humain, des pans de murs, quelques rares colonnes, de menues terrasses où s'épanouissent figuiers et oliviers, et toute une échelle d'églises intactes. La plupart sont encore consacrées. Les cierges éclairent leurs fresques bleues où la geste divine se déploie en tableaux. On entre dans la première d'entre elles, dédiée à saint Dimitri, par une succession de cours ombragées par des orages de fleurs, – roses et jasmins, capucines et œillets, géraniums et chèvrefeuille. L'air de la montagne et les parfums s'épousent. On songe à des noces florales, aux couronnes que tressaient les jeunes vierges pour le front d'Hélène, il y a presque trois mille ans, au pied de ces monts. On est merveilleusement bien. Il n'y a pas un bruit, sauf la conversation des arbres et du vent. On songe à l'effort, au travail, au partage de tâches de ceux qui construisirent cette ville funambule, tout en escaliers, en espaliers, en jardins suspendus. Je me plais à rêver qu'il dut être doux d'y vivre, et somptueux d'ouvrir sa fenêtre sur ce paysage tout en splendeurs, dans la fidélité du soleil. C'est un lieu d'évidences. C'est donc un lieu qui ramène à l'essentiel et à cette question : de quoi ai-je vraiment besoin qui ne serait pas là ?

En quittant le jardin, au milieu des plantes, j'ai aperçu des mouvements de poils et d'yeux. Sous la surveillance de leur mère, trois chatons jouaient avec ce que leur offraient les plates-bandes. Une feuille, le passage d'un papillon, la chute d'un pétale de rose. Et je me suis dit qu'il y avait vraiment à réfléchir sur cette aptitude qu'ont tous les enfants, de chats ou de chiens, d'éléphants ou d'hommes, à découvrir le monde en jouant avec lui. Et sur cette école, ces jouets, ces joies que le monde offre alors avec profusion.

*

J'ai passé la journée au pied du Parthénon, à Athènes. Autant dire, le nez en l'air, le regard aspiré vers le ciel et porté vers lui par cette roche sacrée et sa danse de colonnes. C'était, merveilleux hasard – mais qu'est-ce que le hasard, sinon Dieu qui se promène incognito, comme l'affirmait Albert Einstein ? –, le jeudi de l'Ascension. La chance m'a souri ; au soir, alors que je sortais d'une église orthodoxe dressée au pied de la colline des Muses qui fait face au Parthénon, éblouie par l'or des icônes, le ciel s'est ouvert et le même or est tombé sur les oliviers, en rais si drus qu'ils semblaient une colonne oblique, dorique comme il se doit. Et tout s'unissait en cet instant. La vénération de la Grèce antique, celle d'un pope orthodoxe et l'Ascension du Christ Pantocrator par ce chemin de ciel.

*

En Grèce, tout ramène aux origines, tout ramène à l'essentiel. Dès qu'on quitte les côtes, les paysages retrouvent leur caractère de rudesse et de majesté, de hauteur sèche, de grandeur maigre. Ils sont à l'image des oliviers quand les oliviers trouvent encore où plonger leurs racines – oliviers d'un bois pierreux, tordus par l'effort de pousser, dont la sève est faite de la sueur des hommes. Ils sont aussi, et en même temps, à l'image des nuages voyageurs, tantôt sombres, menaçants, effrayants du feu qu'ils couvent et des éclairs qui foudroient, tantôt doux, bleus et vaporeux comme un lointain. La route se perd dans les combes, monte aux flancs de ces reliefs entre collines et montagnes. À chaque kilomètre, elle sème tout signe de vie. Maisons, poteaux électriques, fermes, tout y est refusé. Il n'y a plus rien. On a soudain la certitude que ces cyprès, dressés comme des flammes trempées de ciel, ces buis rabougris, ces buissons de cytises et de genêts, tous ces lauriers roses et blancs que le vent agite, Agamemnon et Œdipe les ont contemplés à l'identique avant nous. Jamais peut-être un paysage ne m'a davantage imposé sa présence. Une présence physique et impérieuse, minérale et spirituelle dans le même temps. Une présence qui oblige les hommes au dialogue avec elle, aux questions avec leur âme, et à une réponse dans la construction, dans les recoins les plus reculés, les plus improbables, de temples qui lui ressemblent puis, plus tard, de monastères qui l'incarnent.

C'est ainsi dans celui d'Hosios Loukas, où j'étais aujourd'hui. L'église aux coupoles byzantines, la terrasse en surplomb du maquis où des ombres plus vertes annoncent des sources et des ruisseaux, les arbres centenaires, la crypte de sainte Barbara, la chapelle aux fresques encore fraîches, tout dit le même hommage, la même offrande à l'éternité qu'offre la Grèce dans son surgissement au sein de la Méditerranée, dans son indicible lumière, où le Christ Pantocrator est toujours triomphant et le dragon du mal toujours terrassé.

*

Ici, en Grèce, les chapelles sont la ponctuation des paysages. Elles sont les virgules qui rythment le phrasé des collines, les points d'exclamation dans les plis du vent, des vagues et de la lumière. Elles s'élèvent dans les lieux les plus inaccessibles – sur un chemin de douane qui se faufile par-dessus les roches éboulées des falaises, ou sur une hauteur qui exige des mollets d'alpiniste et un cœur de jeune homme pour l'atteindre.

Ainsi, pour gagner celle d'Acrocorinthe, il faut franchir, au bout d'une route en lacet et d'une sente raide, trois portes fortifiées – une pour chaque envahisseur qui voulut voler cette terre aux dieux, et les dieux à leur ciel. Dans cette coquille de coquelicots et de camomille, où s'éboulent ce que furent trois rêves de conquêtes – les Francs, les Ottomans et les Vénitiens –, un seul bâtiment tient encore de ses quatre murs, bien campé dans cet espace livré aux vents et aux couleuvres, entre des remparts pleins d'orgueil. C'est la chapelle orthodoxe, dont la porte est ouverte aux visiteurs et aux prières. J'y suis entrée et j'étais seule. Tout le lieu était désert. Les icônes luisaient dans la demi-obscurité. Le vol des mouches dessinait des carrés sous la coupole ronde et les tuiles. Le parfum de cire chaude se mêlait à ceux de la terre, puissants dans cette fin d'avril. Dans un grand présentoir rempli de sable, des bougies avaient été allumées devant un saint Michel terrassant le dragon. Par qui ? Qui avait pu grimper ce raidillon, se lancer à l'assaut des éboulis pour venir dans cette chapelle allumer ces cierges ? Et qui sonnait la lourde cloche de l'entrée ? Pour qui était-elle là ? Qui pouvait venir ici quand elle appelait pour un office, pour des prières, pour des chants ?

Et soudain, la puissance d'espoir que symbolisait cette chapelle ouverte avec sa cloche, parée comme si Jésus, dans sa Parousie, l'avait choisie pour son retour et allait apparaître, m'a stupéfiée. Quelle force il fallait pour continuer, si loin dans les hauteurs, au milieu de ces ruines, à allumer ces cierges ! À les allumer pour moi, passagère d'un hasard, ou pour tout autre promeneur entré dans cette enceinte fortifiée pour y visiter l'Antiquité, et reparti avec au cœur une flamme allumée au sein même de la lumière.

Et je me suis rappelé ce que m'avait dit l'ami du pape François, le père Ricardo Crisologo Fiat, à Buenos Aires, alors que je m'étonnais que le saint patron de la ville soit saint Martin de Tours, celui qui avait donné la moitié de sa cape à un pauvre mourant de froid : « Mais c'est de cette cape qu'est née la chapelle ! Elle est l'étymologie même du mot, parce que la cape, comme la chapelle, c'est ce qui protège et c'est ce qu'on partage. »

*

Ce matin, de retour à Paris, dans le soleil large versé sur la ville, j'ai entendu les premiers cris des martinets. Comme toujours, j'ai eu le cœur labouré par ces criaillements joyeux et guerriers, et l'âme dilatée par l'absurde euphorie que m'inspire le vol d'une hirondelle. La nature trouve toujours sa voix pour dire, en deux notes, en un chant, parfois en un parfum – les pinèdes, les orangers en fleur –, ce qui nous demanderait des pages pour susciter la même émotion, avec la même précision. Peut-on mieux évoquer l'aube bleue d'un premier printemps que les vocalises du merle au bec d'or ? Et les beaux jours pleins de langueur plus puissamment qu'avec le cri des hirondelles ? Et mieux la touffeur d'un après-midi d'été que dans le bourdonnement d'une mouche ? La création joue pour nous, en permanence, ces notes diverses – le vacarme des grenouilles les nuits de printemps, l'ivresse chantée des rossignols, et jusqu'au silence mat des paysages neigeux.

Ces voix signent les accords fructueux entre nous et le monde. Pour peu qu'on y prête totalement l'oreille, le monde entier s'engouffre en nous, dans une symphonie qu'on aimerait tant garder sauve. Ce sont ces musiques merveilleuses qu'on entend quand l'esprit souffle à découvert dans le sanctuaire des cieux. Elles redisent infiniment le cycle des saisons, mais surtout, elles sont le diapason du paradis, son *la* pur et long, pour que nous sachions ce que nous avons perdu il y a longtemps et qui nous sera redonné lorsque nous quitterons cette terre. Elles nous rappellent que nous ne devons aimer, du monde, que ce qui vient de l'éden. Ces voix, qui ne sont sans doute qu'un faible écho d'un concert que nous ne pouvons même pas concevoir, nous préparent sûrement à la merveilleuse surprise que nous aurons, *de l'autre côté*. Lorsque, avec les anges, nous déploierons les deux ailes que Dieu nous a offertes, comme nous le rappelle saint Basile : celle de la grâce et celle de la liberté.

Dans ces musiques, ces bruits, ces *voix* souvent si personnelles (chacun peut établir sa liste, qui le ressac des vagues, qui le vent dans les pins, qui la stridulation des cigales, qui les cloches de l'angélus), dans ces éclats d'Éden, on tente alors de deviner ce que pourrait être cette surexistence. Et j'ai songé à ces lignes, lues par hasard, que j'ai notées en oubliant le nom de l'auteur et que je contresigne : « Ce que je désire n'est pas d'être dépouillé mais d'être, comme le dit saint Paul, supervêtu, afin que ce qui en moi est mortel soit absorbé par la Vie. » Cette Vie, déjà là, ici et maintenant, pour peu que notre joie demeure.

*

Comment expliquer l'amour ? Je veux parler de cette attraction irrépressible entre deux êtres, qui les entraîne ou les pousse parfois aux meilleures ou aux pires folies, qui les conduit à fonder une famille ou a contrario à abandonner femme ou mari et enfants ? « L'amour, mesure parfaite et réinventée, raison merveilleuse et imprévue », comme le définissait Arthur Rimbaud. Si ce n'était qu'une attraction déclenchée par des sécrétions hormonales, dans un simple but de reproduction, à un moment précis de la vie, comme le soutiennent certains, pourquoi lui parmi tous les autres, pourquoi elle dans la masse féminine ? Nous serions tous interchangeables, n'importe quelle femme exciterait n'importe quel homme et vice versa. Deux hommes ne pourraient pas s'aimer, ni deux femmes entre elles, ce qui existe indéniablement, jusqu'à, parfois, parce qu'on le leur refuse, rendre ceux qui aiment ainsi profondément malheureux.

Et pourtant, il y a cette rencontre unique, et ce sentiment plus unique encore qui, d'un seul coup, emporte tout, ruine la raison, perfuse d'une sève divine, donne des ailes et s'impose comme une évidence. Ce sentiment qui nous fait faire le tour du monde et nous emplit tout entiers d'ivresse. Il nous rend à l'instant présent dans un sentiment de plénitude incomparable. De plénitude, oui, car enfin on a retrouvé sa moitié, celle qui nous raccorde à l'être originel que nous étions, cet esprit à la fois homme et femme. Le sentiment d'amour, entre sacré et profane, entre corps et âme, qui peut en dire la nature ? Qui peut en dire scientifiquement l'origine ? Quelle sécrétion glandulaire ? L'a-t-on isolé sur une lame de laborantin et passé au microscope ?

L'amour qui dilate l'âme et que certains préfèrent consacrer au ciel, qu'est-ce, sinon le reflet de l'amour divin ? Un avant-goût du paradis, ou sa nostalgie ? Chaque fois que je surprends deux amoureux se regarder ou se tenir la main, un couple embrasser son enfant, je sais que j'entrevois une fragile étincelle du grand amour divin, qui n'est autre que Dieu lui-même. Je me répète ces mots de Jean (3, 27-29) : « Un homme ne peut recevoir que ce qui lui a été donné du Ciel ! (...) Celui à qui appartient l'épouse, c'est bien l'époux ! »

Il y a encore l'amour dans l'amitié, choix gratuit, libre de deux êtres qui veulent cheminer côte à côte, s'écoutent et se parlent, et s'entraident dans l'adversité. Il y a la charité splendide et la compassion, la manifestation éclatante et absurde de l'amour de Dieu dans le don de soi aux autres. Dieu n'est-il pas présent dans ces moments privilégiés, dans la main tendue d'un étranger à un étranger ? Je me rappellerai toujours, avec une admiration toujours grandissante, cet homme dont je ne connais pas le nom qui plongeait et plongeait sans cesse dans les eaux glacées d'un fleuve américain où s'était abîmé un avion. Chaque fois, il ramenait à la surface un enfant, une femme, un homme. Les secours l'ont sommé de cesser à cause du froid et de l'impossible résistance de son corps, exposé si longtemps à ces températures. Il n'a pas écouté. Il n'est pas remonté de son ultime plongeon. Dieu n'est-il pas dans ce don d'amour absolument altruiste, absolument insensé, absolument gratuit ? Dans cette abnégation ? N'est-il pas aussi dans la décision des frères et des sœurs de l'ordre hospitalier de Saint-Jean-de-Dieu de ne pas quitter les malades frappés par le virus ebola, au Liberia et partout ailleurs en Afrique, et qui leur ont tenu la main jusqu'au bout, en sachant tout à fait qu'ils allaient en mourir ? Qu'est-ce que cet amour, sinon du divin ? Son empreinte même ? Et dans l'amour que certains, dans la ressemblance de leur âme, incarnent, la preuve même de son existence ?

*

Un grand moment libérateur. Je suis allée applaudir en la basilique Saint-Denis une œuvre de Michelangelo Falvetti. Jusqu'à peu, on ignorait tout de ce compositeur sicilien du XVIIe siècle, auteur aussi d'un très beau *Nabucco*. Le chef d'orchestre argentin Leonardo García Alarcón dirigeait avec un enthousiasme égal à celui qui irradie cette œuvre, son pyrotechnique oratorio, le *Deluvio universale*.

Ce déluge déploie dans le même faisceau la formidable énergie de Noé pour mettre ses congénères en garde contre leurs péchés, l'insatiable appétit de la Mort, seule immortelle parmi les mortels, et la foi de l'épouse de Noé, Noema (ou Noria, ou Rathenos, ou Barthenos, ou encore Tethiri selon les traditions). On y entend la pluie qui commence à tomber, puis les flots quand ils noient la terre, et les pécheurs qui hurlent leur effroi – alors on s'effraie avec eux. Enfin, dans le finale, la joie explose avec l'espérance d'un monde meilleur qu'annonce la branche d'olivier rapportée par la colombe.

En la basilique Saint-Denis, tandis que les chœurs et les solistes, l'orchestre et son chef délivraient cette musique de ses siècles d'oubli, les vitraux s'embrasaient des dernières lueurs du couchant. Les fûts des colonnes semblaient ceux des arbres dont Noé fit son arche. Ce fut un moment d'harmonie parfaite. Cette beauté musicale incrustait dans cette beauté de pierre la vibration d'une perle dans sa coquille. Le sommeil des rois de France, au creux de leurs sarcophages de marbre, agissait comme un baume. « Tout art qui n'est pas en rapport avec l'amour ne vaut rien », proclamaient dans leurs noces d'un soir musique et chant, architecture et verrerie, sculpture et liturgie.

*

Mai

Je ne crois pas au hasard, ni aux coïncidences fortuites. Tout est signe, qu'il convient d'écouter, et de tenter de comprendre. Le signe de ce 1er mai en miroir exact du 1er novembre, fête de tous les saints, peut-être est-il de nous amener à réfléchir à la *sainteté du travail*. Je veux dire de réfléchir à notre capacité à sanctifier le travail, à en faire le lieu, l'espace, la matière idéale pour exprimer notre *amitié*. L'amitié, c'est-à-dire la forme la plus pure de l'amour du prochain. La plus gratuite aussi, car cet amour ne naît pas des liens puissants et naturels de la famille – amour de la mère pour l'enfant, des frères et sœurs pour les frères et sœurs, des enfants pour leurs parents. Il ne naît pas de l'élan amoureux irrépressible qui pousse deux êtres dans les bras l'un de l'autre, se nourrit de la fusion des corps et du désir d'enfanter. L'amitié – « Il n'y a pas de plus grand amour que de donner sa vie pour ses amis. Vous êtes mes amis si vous faites ce que je vous commande » (Jean 15, 13-14) –, c'est l'occasion d'appliquer le commandement, le seul qui vaille, qui englobe toute la Loi : « Aimez-vous les uns les autres. »

Or, le prochain, où mieux le rencontrer, où mieux le pratiquer, le mettre en œuvre que dans le travail, au bureau, dans l'entreprise, dans les champs, à l'atelier ? Le travail, selon la Genèse, c'est ce à quoi nous avons été condamnés pour avoir voulu goûter au fruit de la connaissance. Dès lors, quel meilleur moyen pour regagner le paradis et le cœur du Père que de retourner le châtiment en joie ? De transformer la peine en outil d'amour ? Sanctifier son travail et se faire saint par lui ? Et pour être saint, *à l'image de Dieu,* exalter dans son travail les talents que Dieu nous a confiés. Le bon pain au boulanger. La bonne connexion à l'informaticien. La bonne marchandise au commerçant. Le bel ouvrage à l'artisan. La belle œuvre à l'artiste. Le bon cours au professeur. La belle moisson à l'agriculteur… et pour tous, une fructueuse transmission aux générations qui montent. Et alors, se rendre *libres.*

Il est bien dommage que cet élément de la vie quotidienne, qui régit le rapport des hommes entre eux, ne soit pas examiné et considéré par les sciences sociales à travers la lunette spirituelle. Il est bien dommage que les ministères et les syndicats en charge du règlement de cette activité n'adoptent pas une théologie du travail. S'ils acceptaient de considérer la question sous cet angle, ils comprendraient enfin l'infinie souffrance à laquelle les lois du marché condamnent l'humanité. Plutôt que de s'affranchir de toutes les violences que cette activité a créées – la douleur physique, l'abrutissement de la production à la chaîne, la peur du chômage, la compétition impitoyable, la jalousie, la méchanceté, les médisances, le harcèlement, l'avidité, les trahisons, le culte du profit – et alors faire du travail le lieu d'une rédemption, l'homme moderne a préféré retourner à la pure barbarie : il a réinventé l'esclavage. Réinventé parce qu'il lui a donné une forme moderne : il a mis l'homme au service de la machine à produire.

Aujourd'hui, nos chaînes sont invisibles parce qu'elles sont virtuelles, mais pourtant elles existent, plus lourdes, plus résistantes, plus aliénantes que jamais. Les « lois du marché », la « délocalisation du travail » interdisent toute charité. Nous voilà dans les « horreurs économiques » que dénonçait déjà le poète Arthur Rimbaud, autant dire dans la soumission volontaire de l'individu à l'idole de l'argent, de la matière et de la machine. L'individu s'est perdu dans la mécanique mondiale du profit à tout crin, sa singularité s'est dissoute tandis que des « sociétés anonymes » (qu'on analyse la signification cynique de ce terme juridique !) persistent dans le plus gigantesque gaspillage que la terre et l'humanité aient jamais connu. Le gaspillage des ressources naturelles. Et le gaspillage des talents.

Nous ne travaillons plus pour exalter nos dons personnels dans la rencontre et le partage. Nous travaillons pour « maximiser » nos profits – ou ceux des entreprises qui nous emploient. Nous avons réduit les territoires de l'amitié à peau de chagrin, et concédé ceux de la charité aux ONG. Nous avons oublié que jusqu'à trente ans, Jésus est resté aux côtés de Joseph, pour apprendre à travailler, de ses mains, avec sa sueur, avec humilité, ce bois même dont on ferait sa croix.

*

Notre siècle est-il celui de l'exil pour tous ? J'éprouve de plus en plus souvent ce sentiment alors que je n'ai quitté ni ma ville ni mon pays. Je me sens exilée sur ma propre terre sans même avoir déménagé, ni être partie pour un autre pays.

J'ai éprouvé ce sentiment avec force l'autre jour, lorsque j'ai regardé un documentaire sur le Paris des années 1960. La caméra s'attardait dans des rues en noir et blanc, où s'affairaient des ménagères engoncées dans d'épais et confortables manteaux, bien carrés, le cabas au bras. La circulation était dense sans congestion. À chaque carrefour, un kiosquier et des dizaines de journaux quotidiens. Une bande d'enfants s'égaillait dans la rue en courant. La caméra remontait les rues de Montmartre. Les vitrines se succédaient. Un marchand de couleurs, une dentellière, une ravaudeuse de bas et, entre une triperie et un boulanger, une mercerie et un marchand de charbon. Pas de touristes, mais l'éventail des âges – si flagrant que je me suis demandé où étaient passés tous les vieillards que l'on ne voit plus, ou très rarement, entre les murs de Paris. Où sont passés, aussi, ces gens très simples qu'on voyait autrefois s'affairer et que croisaient des bourgeois en lourdes pelisses, ou dans leurs berlines ? On devinait qu'ils devaient vivre sous les toits, dans des chambres dites « de bonne », avec WC et robinet à l'étage pour la plupart, rassemblées aujourd'hui en appartements. Où vivent-ils aujourd'hui, ceux que la promotion immobilière a chassés ? Le contraste avec notre présent m'a frappée avec plus de force encore quand le cinéaste a parcouru les rues de Saint-Ouen et les ateliers où chacun bricolait son quotidien. Garagistes et bistrotiers dont on entendait la voix et l'argot en voyant leurs coups de menton et le salut de leurs mains. Combines tristes et joyeuses de destins fortement singuliers.

Alors, c'est vrai, je me suis sentie exilée au cœur même de Paris que j'habite aujourd'hui, qui a abdiqué ses quartiers et son accent. Sans doute parce que, où que j'aille dans le monde, à Vienne ou à Madrid, je retrouve désormais les mêmes magasins et les mêmes enseignes, le même décor urbain, les mêmes marques, la même décoration dans la multitude des bistros, des restaus et des boutiques, et qui exilent à leur tour les Madrilènes de leur « madrilanité » et les Viennois de leur « viennoiserie ». Et les mêmes flots de touristes, dont je fais partie, vêtus du même uniforme, qui se poussent d'une rue à l'autre, l'œil rivé sur le parapluie de leur guide. Si encore cette standardisation était un sort réservé aux capitales des vieux pays européens ! Mais dans les villes de province, c'est la même uniformité. L'extinction lente des centres-villes, l'expansion de ce qu'on appelle des « zones marchandes », partout les mêmes, qui exilent de leur singularité les Bourguignons ou les Normands, les Provençaux et les Bretons. C'est le même ennui mortel des mêmes centres commerciaux, les mêmes immensités de parking, les mêmes familles habillées des mêmes couleurs et des mêmes vêtements, poussant les mêmes caddies, et le même grésillement de musique anglo-saxonne diffusée par les mêmes haut-parleurs, comme s'il s'agissait de mettre l'humanité sur le même tempo pour lui interdire le silence.

*

Samedi dernier, soir de mon arrivée dans les Pyrénées, un orage furieux a privé une partie de ma vallée d'électricité, de téléphone et bien sûr de tout autre moyen de communication. Les chandelles ont éclairé cette première soirée presque estivale, avec la beauté vacillante que leur lumière donne aux choses les plus banales. Le lendemain, rien n'était rétabli, pas même le bleu du ciel, et la panne a duré trois bons jours. Ce « coup de foudre » m'a obligée à me rappeler, à chaque instant de la journée, combien nous jouissons aujourd'hui d'un confort inouï : machines à laver – si j'ai pu attendre pour le linge que la ligne soit réparée, j'ai repris la « corvée » de la vaisselle après les repas –, télévision, et tout le reste, dont je ne vous accablerai pas d'une revue en détail. J'ai songé alors au quotidien de la majorité des femmes, il y a cinquante ans à peine. Celles des villes, qui avaient l'électricité mais couraient d'une course à l'autre, d'un repas à une lessive, d'une couture à un gratin. Et celles des campagnes, souvent sans eau courante, filant au puits, au four commun dorer leur pain, à l'étable et à la basse-cour avant de rejoindre vite le pot sur le feu, l'enfant réveillé en pleurs, le raclage des sols. Ces femmes dont la vie était happée par tous ces travaux, exténuées par l'entretien de leur famille.

Je me suis alors demandé ce que nous faisons de toutes ces immenses plages de temps que nous avons gagnées en quelques décennies. À quoi nos grands-mères et leurs grands-mères rêvaient-elles de l'occuper quand quelqu'un les déchargeait un peu de leur fardeau ? En profitons-nous comme nous le devrions ? À quelles merveilles consacrons-nous cette extrême richesse que nous octroie notre époque : du temps ? Du temps libre. Du temps pour nous seules. Et moi, qu'en fais-je ? Je le thésaurise ou je le dilapide ? Quelle pierre philosophale ai-je su inventer, pour le transformer en or ? Combien d'heures que je n'ai pas consacrées à ceux que j'aime, à mon travail, à mon jardin, à mes livres ? Tout ce temps tué, qui n'est que suicide.

*

Juin

Dans son essai *Pourquoi j'écris*, George Orwell avoue : « Je ne voudrais pas complètement abandonner la vision du monde que j'avais quand j'étais enfant ; tant que je serai bien vivant, je continuerai à aimer la face de la terre, et à faire mes délices des objets solides ainsi que de mille bribes d'informations inutiles. » Il ajoutera, un peu plus tard, dans ses *Quelques réflexions sur le crapaud ordinaire* : « Si un homme ne peut prendre plaisir au retour du printemps, comment pourrait-il jouir d'un futur paradis libéré du travail ? Je pense que c'est en conservant notre amour enfantin pour les arbres, les poissons, les papillons, les crapauds, etc., que l'on rend un peu plus probable la possibilité d'un avenir paisible et décent. » Pourrais-je dire mieux ? plus juste ? moi qui vérifie toujours dans mon miroir si l'enfant que je fus me sourit encore, et dans mes rêves si je n'ai pas tout à fait démérité de lui. L'enfant en moi qui s'éjouit du bel été en approche. Chaque jour que je passe avec lui, main dans la main, me prépare aux feux de la Saint-Jean, ces flambées pour célébrer la nuit à marée basse, piquée de violettes, et les métamorphoses à quoi m'invite l'effervescence amoureuse de la nature.

*

La foi n'est jamais une dérobade devant l'audace tragique du mal, de la maladie et de la mort. Elle est la lumière qui permet la résolution de toutes les contradictions. À l'image de cette phrase, tellement énigmatique en apparence, de Jésus : « Laissez les morts enterrer les morts » (Matthieu 8, 22), et celle de John Donne : « Est et Ouest ne font qu'un et la mort touche ainsi la résurrection », ou du credo de Jean de Boschère : « Je possède la mort. C'est une vie lumineuse. »

*

En rangeant des dossiers et des livres, j'ai retrouvé l'image qui m'a sans doute le plus impressionnée ces dernières années. Il s'agit d'un cliché de Robert Hupka, qui profita de l'exposition à New York de la *Pietà* pour photographier cette statue taillée dans un seul bloc de marbre par Michel-Ange. C'était en 1965. Le pape Jean XXIII avait accepté la requête de l'archevêque de New York d'envoyer la *Pietà* outre-Atlantique pour la présenter aux Américains. Vingt-sept millions de visiteurs vinrent l'admirer, émerveillés, tandis que les chants grégoriens enregistrés pour l'occasion à l'abbaye Saint-Pierre de Solesmes achevaient de les tenir silencieux, comme l'ordonnait la beauté presque inconcevable de l'œuvre.

Mais comme nous aujourd'hui lorsque nous nous arrêtons devant la chapelle de la Crucifixion, tout de suite à droite en entrant dans la basilique Saint-Pierre, ils ne purent admirer d'elle que sa façade, et encore, un peu par en dessous, du fait du piédestal qui la tenait surélevée, comme l'autel la surélève toujours aujourd'hui. Que voyaient-ils, sans être de plain-pied avec elle, que nous admirons toujours ? Le visage de Marie, ombragé par son voile, incliné par une douleur muette. Sur ses genoux, le corps de son fils repose, inerte, qu'elle retient d'une seule main. Elle le retient mais elle ne le touche pas. Entre sa main droite, passée sous l'aisselle de Jésus, et la peau de Jésus, un linge plié – peut-être, déjà, son linceul. Et sa main gauche n'ose pas se poser sur ce corps qui ne lui a jamais appartenu, ou si peu, ni même prendre la main de Jésus, si proche de la sienne. Cette main, la mort l'a rendue semblable à celle d'Adam avant que Dieu lui insuffle la vie, et que Michel-Ange peignit bien plus tard, sur les voûtes de la chapelle Sixtine. Au contraire de celle de Dieu sur cette même fresque, celle de Marie est en retrait, la paume ouverte au ciel, lourde de son impuissance à redonner la vie. Et comme il est étrange que Marie ait l'âge qu'elle avait lorsque l'ange Gabriel est venu lui annoncer qu'elle enfanterait le Fils de Dieu ! L'artiste voulait-il nous dire que la vie de Marie avait été fixée à jamais par cette visitation ? Qu'elle aurait à en témoigner avec toutes ses heures, et qu'elle en témoigne encore à cet instant *crucial*, au pied de la croix, en retenant encore un peu ce corps qu'a choisi Dieu pour sa propre épiphanie – Marie devenue alors, sous les outils de Michel-Ange, l'Alpha et l'Oméga de l'Incarnation ?

Mais n'est-ce pas le sens même de cette œuvre que de dire ce qu'elle est, dans son essence même – une pietà ? La pietà dont l'origine latine signifie « loyauté absolue à un amour profond que ni la vie ni la mort ne peuvent détruire », et le sens classique « soumission totale de l'âme à la volonté divine ».

Que voit-on d'autre de cette œuvre, lorsqu'on se tient debout devant l'autel ? Le corps presque nu de Jésus dont on sent l'abandon à la mort et son poids dans son bras droit qui pend. On voit ses longues cuisses, le dessin des mollets, les veines encore gonflées par la souffrance, et les pieds qui ne touchent presque plus terre. Ce qu'on voit encore, c'est l'épaule du Christ, rehaussée par le bras de Marie. Puis il y a la gorge de Jésus et, qu'on devine plus qu'on ne la regarde, renversée en arrière et sans vie, la tête du Christ. Du visage, des traits de Jésus, on n'aperçoit rien. À peine entrevoit-on l'angle de la mâchoire et le menton.

Et puis, en 1965, Robert Hupka fut autorisé, pendant qu'on l'exposait à New York, à photographier la *Pietà* depuis tous les angles possibles. Ainsi, il a pu saisir dans son objectif ce qu'on ne peut jamais admirer d'elle, et ce que Michel-Ange savait qu'aucun des admirateurs de son œuvre ne verrait jamais, sauf à voleter comme un ange autour de sa statue : le visage de Jésus. Le visage de Jésus, offert au ciel, sculpté pour la seule vue de Dieu par un artiste de vingt-trois ans, dans un don total à son sujet, tel que le commandait Jan Van Ruysbroeck : « Maintenant, comprenez ; la progression est telle : en notre allée vers Dieu, nous devons porter notre être et toutes nos œuvres devant nous, comme une éternelle offrande à Dieu. »

Ce visage est le mystère même de la divine beauté, cette incompréhensible splendeur qui nous enveloppe et nous pénètre, de la même manière que l'air est pénétré par la clarté du soleil. Les yeux mi-clos de Jésus, ses lèvres entrouvertes par son dernier souffle, la douceur que le consentement à sa propre mort a posée sur ses traits, toute cette perfection, ce prodige d'un marbre incarné, toute cette foi clamée dans le sublime de ce visage, pour que nul, sauf Dieu, ne le contemple… Jamais je n'ai ressenti plus fortement dans une œuvre d'art ce qu'elle doit être : un acte de foi plus fort, plus impérieux et plus bouleversant que tout autre langage, que toute autre vision. La vision même de cette heure d'une paix entière, celle de l'achèvement et de l'œuvre, et du Christ, mort sur la croix, pour que tout soit accompli.

*

Les artistes sont les « témoins de l'Invisible », répétait le père Marie-Alain Couturier. Ce dominicain a pesé ces mots du poids même de sa vie, puisqu'il a doublement répondu à sa vocation : comme moine dominicain et comme artiste. D'emblée, il a travaillé à la source : l'art sacré que lui avait enseigné son maître, Maurice Denis. Il a peint des fresques, et composé des vitraux, ces peintures immatérielles qui transmutent la lumière en couleurs et les dalles froides des églises en tapis royaux.

Après l'inépuisable désastre des deux guerres, le père Marie-Alain a appelé les plus célèbres artistes de son temps à renouer avec le ciel. Il les a invités à la construction de nouvelles églises, s'insurgeant qu'on oublie, aujourd'hui, d'appeler les meilleurs architectes du monde et les plus grands artistes à la création des édifices religieux. L'église d'Assy, au pied du Mont-Blanc, ornée par de grands maîtres de l'art moderne, celle de Ronchamp confiée à l'architecte Le Corbusier, la chapelle de Saint-Paul-de-Vence décorée par Matisse ou encore celle de Houston par Rothko doivent leur existence à la détermination du père Marie-Alain de ne pas séparer l'art et le sacré, ni l'art du sacré, comme on avait déjà séparé la religion de la vie quotidienne, et la prière de la cuisson du pain.

Ils furent d'ailleurs nombreux, ceux qui acceptèrent son invitation, non pas avec condescendance, non pas comme une participation charitable, mais avec le sentiment d'une élection à laquelle ils voulurent répondre de tout leur élan, vers le Plus-Haut, par leurs dons propres. On vit Fernand Léger, Pierre Bonnard qui, mourant, revint poser l'auréole oubliée sur la tête de son *Saint François de Sales*,

Georges Rouault, Jean Bazaine et Henri Matisse, Marc Chagall ou encore, entre beaucoup d'autres, Georges Braque et Germaine Richier. Il y a aujourd'hui Goudji seul dans son atelier, exhumant à la fois les secrets des œuvres sacrées et la splendeur de la liturgie.

Ainsi, chacun confirme ces mots : les artistes sont les « témoins de l'Invisible ». Par là, le père Marie-Alain nous rappelle que l'art a été, de tous temps, le chemin le plus évident, *lumineux,* de se retrouver, de retrouver la source même de la plénitude perdue. Non pas une évasion, non pas un parallèle, ni un envers du monde, mais le monde même saisi dans l'essence de ses correspondances secrètes. Et l'art, quand il s'agit pour l'artiste de s'oublier dans son œuvre, de la porter au-devant de soi dans son « allée vers Dieu », comme le disait Jan Van Ruysbroeck, et dès lors de témoigner de l'Invisible, n'est-il pas une puissante réponse au paradoxe que saint Paul nous demande de vivre : « connaître l'amour du Christ qui surpasse toute connaissance » (Éphésiens 3, 19).

*

Il y a soixante-dix ans, Antoine de Saint-Exupéry s'envolait pour ne plus jamais atterrir.

Ce héros, poète-écrivain et aviateur, a laissé aux générations qui viennent l'un des plus jolis livres qui soient, *Le Petit Prince*, et cette phrase qu'il a gravée dans nos mémoires : « On ne voit bien qu'avec le cœur, l'essentiel est invisible pour les yeux. » Ce fut le premier livre qu'on déposa pour moi au pied du sapin de Noël et, bien plus tard, j'ai retrouvé cet enchanteur dans les denses romans qu'il nous a offerts, *Terre des hommes, Vol de nuit, Courrier sud*, autant de pages pétries d'humanisme et d'espace. Il nous a laissé bien plus, un exemple, celui d'un homme qui a renoncé à lui-même pour une vision bien plus large – pleine de Dieu et pleine d'espérance.

Ce matin, j'ai ajouté dans mon carnet les aphorismes qu'il avait composés et qui manquaient à mon florilège de citations, relevées au cours de mes lectures et notées dans ce petit calepin qui ne me quitte pas, parce que je crois que les phrases qu'il recèle entretiennent le cœur par leur proximité. Il y a des exemples illustres d'attachement à ces textes choisis dans la vigilance et conservés de façon qu'on les ait toujours « présents aux yeux et à l'esprit ». Pascal avait cousu dans la doublure de son pourpoint le *Mémorial* de sa nuit de feu, et il le garda ainsi contre lui, quitte à broder et à débroder ses vêtements quand il en changeait, pendant huit ans et jusqu'à sa mort. Bernanos gardait dans son portefeuille la lettre que lui avait écrite Simone Weil où elle disait ses vues sur la guerre d'Espagne et Albert Camus la photographie de la philosophe contre son cœur. Le sentiment du tragique et l'amour de la beauté que déployait Simone Weil dans son œuvre avaient organisé, de façon posthume, une rencontre entre son âme et celle de Camus. Il avait été touché par la définition qu'elle avait donnée à la beauté : la fragilité du monde. La foi qu'elle plaçait dans l'amour que cette beauté suscitait, ainsi Venise, obstinément contemplée même dans les temps de malheur, jamais longtemps perdue de vue, l'avait ébloui. Il y a, dans la quête du Salut et l'amour des hommes qui leur fut commun à tous, un puissant écho dans ces phrases de Saint-Ex :

« Ce pour quoi tu acceptes de mourir, c'est cela seul dont tu peux vivre. »

« Quand nous prendrons conscience de notre rôle, même le plus effacé, alors seulement nous serons heureux. Alors seulement nous pourrons vivre en paix, car ce qui donne un sens à la vie donne un sens à la mort. »

« N'espère rien de l'homme s'il travaille pour sa propre vie et non pour son éternité. »

« Connaître, ce n'est point démontrer ni expliquer, c'est accéder à la vision. »

Et enfin, ces mots magnifiques : « La grandeur de la prière réside d'abord en ce qu'il n'y est point répondu. »

*

Dans mon carnet, je n'inscris pas uniquement des citations, il y a aussi des noms, écrits pour que leur lecture ravive le sang de mes rencontres. Il y en a des méconnus et des célèbres. Je les ai empilés au hasard de mes notes. Ce désordre a l'avantage d'inventer des surprises pour la mémoire.

Ainsi, celui qui a voulu qu'avec les phrases de Saint-Exupéry je réveille le nom de Yehudi Menuhin, le chant de son violon et celui de sa voix – « Quand serai-je capable de vibrer ? » s'inquiétait-il à six ans déjà, lorsqu'il étudiait son instrument. Je l'ai rencontré deux fois, la première à dix-huit ans, chez une amie musicienne et professeur de chant qui recevait les artistes qu'elle invitait au festival de Carcassonne. Yehudi Menuhin glissait parmi les quelques invités qui comptaient le pianiste Aldo Ciccolini. Il ressemblait à cette phrase, célèbre dans sa bouche, que la clarté sereine du violon ouvre la voie d'un havre de sincérité et de respect. Il avait une façon de vous sourire qui offrait le sentiment de faire partie de ce monde particulier et amical de ceux qui partagent le secret d'une certitude. Chose rare, il manifestait de la tendresse pour l'exigence de la jeunesse. Je l'ai approché, écouté, frôlé, sans oser lui adresser la parole – pas plus à lui qu'à Aldo Ciccolini, qui ressuscitait, en jouant Erik Satie, la tristesse exquise des pluies de mon enfance sur le port de Honfleur. Je l'ai revu une seconde fois, bien plus tard, au début des années 1990, à Paris, pour un entretien que devait publier le journal où je travaillais. Il se souvenait de la maison de cette amie commune, vaste et délabrée, où s'entassaient les instruments de musique, les vieux fauteuils et les bouquets de fleurs. Nous avons parlé de son travail bien sûr, de la reconnaissance qu'il éprouvait pour la vie, et du bonheur tel qu'il l'entendait – « la certitude d'avoir transmis son goût, et l'art qui le porte ». L'âge l'avait embelli – angélisé. Il s'était patiné pour être plus précieux, il avait su troquer ses diamants pour des perles. Rien n'avait entamé son sentiment du beau, ni sa miséricorde, ni son amour pour les hommes. Il excusait la profondeur de ses propos par la légèreté du ton. Il avait une façon bien à lui d'illustrer combien l'humour est l'élégance du désespoir – alors que je lui demandais pourquoi il avait choisi, dès sa tendre enfance et sans hésiter une seconde, le violon comme instrument il m'a répondu : « Vous savez, le violon est beaucoup plus facile à emporter qu'un piano quand il s'agit de quitter sa maison dans l'urgence. »

*

Juillet

On n'a jamais autant discouru du ciel qu'en ce moment. C'est que les jours de pluie succèdent aux jours de pluie, et la grisaille dilue un été qui ne reviendra jamais plus. De jour en jour, autour de moi, les mines se sont assombries elles aussi. Au marché, chez le pompiste, dans mes brèves conversations au hasard des rencontres, on ne me parle plus que de météo. Et comme les autres, je soupire moi aussi après ce ciel encombré, orageux, humide et souvent crépusculaire dès l'aube. J'ai l'impression qu'on me vole une saison, et l'une des plus belles de surcroît. À mon tour, je me mets à déprimer, avec des sursauts de honte : il y a tant de souffrance en ce moment de par le monde, tant de désirs de guerre et de sang, et je me plains du temps ? Celui qu'il fait et celui qui passe, sans soleil ? Pourquoi suis-je si sensible à ces dépressions météorologiques ? Pourquoi le sommes-nous tous ?

Est-ce parce qu'elles nous privent de cette lumière éclatante qui nourrit *aussi* l'âme ? Et ce matin, sous des nuages boursouflés de pluie, je me suis dit qu'il en est en théologie comme en météorologie : le rationalisme, le matérialisme, le scientisme, le communisme, le libéralisme (et bien d'autres), impuissants à allumer les nouveaux soleils qu'ils nous avaient promis, ont fini par obnubiler notre ciel et occulter la lumière. Or, privés d'elle, sommes-nous plus joyeux ? Plus libres ? Plus épanouis ? Comme les estivants privés de soleil, nous sombrons dans la tristesse et la déprime, l'âme et le cœur dénutris. Et quel dommage qu'il n'y ait pas autant de prévisions théologiques qu'il en existe en météorologie.

Ce qui obnubile notre âme, au sens premier, qui « couvre de nuages » notre désir de lumière, de transparence, de clarté et de la chaleur qui s'ensuit, qu'est-ce aujourd'hui ? Tout ce qui nous absente d'elles.

Je me suis dit que cette tristesse qui nous vient d'une méchante météorologie, cette autre science du ciel, n'est peut-être qu'une forme de nostalgie, celle de cette lumière perdue parce que nous avons refusé de baigner *entièrement* en elle, corps et âme, et de la laisser nous pénétrer jusqu'à nous fondre en elle. À moins que les nuages, quand ils s'amassent et s'ancrent dans le ciel, aient la mission de nous rappeler combien, sans lumière, nous pouvons être perdus. Éperdument perdus.

*

Août

Elle s'appelle Claude mais on l'appelle Coco. Dans mon petit hameau des Pyrénées – cent quatre-vingts âmes – elle tient une épicerie. Outre le dimanche, elle ne la ferme qu'une demi-journée par semaine. Elle y est seule et s'occupe de tout : nettoyer du sol au plafond, veiller aux dates de péremption des produits périssables, commander les produits que lui réclament ses clients, bouger les caisses et les cartons qu'on lui livre, couper, peser, emballer, réceptionner le pain que lui dépose le boulanger du village d'à côté, tenir le grand cahier de comptes où, au stylo bleu, elle remplit les lignes de crédit des clients. Mais bien plus encore, jamais fatiguée, elle s'occupe de chacun pour qu'il reparte de chez elle plus heureux qu'il n'y est entré. Pour cela, elle s'inquiète de la santé de tous, de celle des parents, des enfants. Elle invite dans la conversation l'inépuisable splendeur des Pyrénées, qu'on oublie souvent de contempler, et celle de la campagne, et celle des floraisons. Elle n'est jamais de mauvaise humeur. À la fête du village, elle fait la cuisine pour le repas communal. Elle est derrière les fourneaux quand les autres festoient. Elle est jolie. Elle veille sur l'innocent qui continue d'avoir six ans à soixante ans, et les passe à faire le tour du village à vélo en poussant de grands rires effrayés.

C'est chez Claude que tout le monde se retrouve, et c'est grâce à son épicerie que tout le monde continue de se parler. On échange des nouvelles des uns et des autres, on s'inquiète pour la santé d'un tel et le chômage d'un autre. On se raconte la poussée des champignons dans le bois voisin. On s'alarme de la chute du cours du maïs. On se sourit, on se regarde, on rit, on apprend à écouter et à se connaître.

Je vous parle de Claude parce que vaille que vaille, avec ce don de son temps sans quoi rien de ce qu'elle réussit ne serait possible, elle maintient dans ce petit hameau, au pied des Pyrénées, une flamme de vie sans pareille – une fraternité, une attention à l'autre et une joie d'être ensemble au-delà du simple cercle familial. Sa supérette, il a parfois été question qu'elle ferme – les géants de la grande distribution se sont installés à une vingtaine de kilomètres de là. Mais Claude a résisté. Elle a travaillé dur pour que cette unique agora, à des lieues à la ronde, reste ouverte pour tous. Pour cela, elle *agit*, avec un vouloir puissant. C'est-à-dire qu'elle met la vie en action. Et la vie jaillit de cette action féconde. Elle n'a jamais renoncé à sourire, ni à l'amitié, qui devient, grâce à elle – et grâce à ceux qui lui ressemblent –, un maintien à un état supérieur de l'être.

Dans la supérette de mon petit village, elle rappelle que le lien aux autres reste le cordon ombilical qui nous attache à la vie et au monde. Elle m'a appris, par sa vie même, l'essentiel : croire *aussi* en l'homme, et que l'amour peut tout, hormis n'être pas.

*

Août, c'est le mois pour chanter, à pleine voix, dans la touffeur estivale les poèmes de saint Jean de la Croix : Mon ami, les montagnes / les vallons ombragés solitaires / les îles incroyables / les bruissantes rivières / les sifflements si pleins d'amour de l'air. La nuit calme et heureuse /

toute proche du lever de l'aurore, / musique silencieuse, / solitude sonore, / repos, amour, le souper qui restaure. »

*

Septembre

J'ai mis trois heures pour entrer dans Paris, coincée dans d'effrayants embouteillages. Où que portent mes regards, c'étaient les mêmes rubans immobiles et métalliques de voitures, sous le dais venimeux des gaz d'échappement. Parfois, je me demande si ce sera le même paysage de bitume et d'acier aux portes de l'enfer, et la même surpopulation. « Choisir dans cette terre couverte de beautés le seul point où l'on doive rencontrer la trahison, l'équivoque, le mensonge, et s'y ruer de toutes ses forces, c'est justement là le bonheur pour les hommes. On est remarqué si on ne le fait pas. Plus on souffre, plus on est heureux », observe Ondine, qui veut quitter le peuple des Eaux par amour pour un jeune et beau garçon. On pourrait sourire aux succulentes répliques de Jean Giraudoux, si sa pertinence n'interdisait pas l'humour. Elle a tellement raison, Ondine ! La terre est large et la solitude opulente lorsqu'elle se conjugue à deux ou trois, ou à quelques sociétés restreintes, composées par affinités électives. Mais voilà, par une curieuse prédisposition, c'est dans les lieux du confinement, de l'oxygène raréfié, des complots et des empilements qu'on se plaît. Les lieux de « la trahison, l'équivoque, le mensonge ».

Ceux qui autrefois disposaient de parcs et de châteaux, et même de provinces entières, ont couru à Versailles se serrer sous les combles du palais, glacés l'hiver et torrides l'été. Et pourquoi ? Pour le bonheur de tendre l'oreille aux calomnies et d'entretenir les bavardages, et la méprisable satisfaction d'être là où l'intrigue d'État se jouait. Là, dans l'ombre stérile du pouvoir, pour retirer un hypothétique avantage à une vanité, trois écus de rente peut-être, l'insigne honneur de tenir le pot sous l'urine royale – alors que là-bas, chez soi, tout était acquis, offert et splendide. Nous en faisons autant aujourd'hui, quand il nous faudrait juste un peu de limpidité du ciel, d'eau pure et d'espace à offrir aux regards. Le roi avait sa cour ; les villes ont leurs banlieues. On se perdait dans les escaliers dérobés qui desservaient l'extrémité des ailes du palais, les réduits en entresol, les caves humides ; on s'agglutine sur les réseaux routiers, ces boas de bitume qui nous broient dans leurs lentes digestions et nous recrachent des heures plus tard au centre-ville, blêmes et épuisés.

Est-ce vraiment, toujours, parce qu'on n'a pas le choix qu'on vit dans ces périphéries, ou parce qu'il s'y joue la sinistre comédie de la gloire et de l'argent, et que cette pièce du théâtre humain accueille des lots quotidiens de figurants, bénévoles quoique âpres au gain, ambitieux et prêts à tout pour « en être » ? Prêts à tout et bientôt contraints de vivre une vie de termites, de travailler comme des automates, sans plaisir, pour s'offrir, trois semaines par an, le luxe extravagant de l'air pur, des ciels à horizon et du silence velouté – tout ce qui est encore donné dans nos campagnes. Tout ce qui fait dire, à un autre personnage de Giraudoux, dans son *Cantique des cantiques* : « Je viens ici parce que j'ai besoin aujourd'hui d'une heure supraterrestre, d'un balcon de sérénité, d'une terrasse d'euphorie. »

*

Je ne compte pas François Mauriac dans les écrivains que j'affectionne. Le vieux réflexe humain de fermer sa porte à tout ce qui touche ce que nous n'aimons pas m'a toujours conduite à éviter ce nom et son œuvre, lue lorsque j'étais adolescente. Et puis, hier, j'ai écouté sur France Culture, sur le podcast des émissions *Grands écrivains, grandes conférences*, le discours de François Mauriac prononcé en 1966. Et j'ai été bouleversée. Sa voix brisée par le cancer était au diapason du propos – à la fois forte et douce, mesurée comme on le dit d'un pas, d'une métrique poétique, accouplée à un souffle et à une émotion indicible. Je n'entendais pas une conférence, ni un cours magistral, mais un témoignage poignant, incarné.

François Mauriac, à l'âge où, disait-il, rien ne pouvait plus lui arriver, sauf mourir, évoquait son chemin de foi, ses doutes et ses fragilités, mais encore la grâce et la force que sa foi avait acquises malgré les faiblesses de l'enseignement que son milieu, son temps, la catéchèse étroite et exclusivement moralisante lui avaient prodigué. François Mauriac parlait de ce qui avait provoqué, dans son cœur d'enfant, une théophanie. Ainsi, il se souvenait des paroles du cantique qui accompagnait sa première communion et comment par elles la compréhension que l'Eucharistie ne nous livre pas seulement le Fils mais le Père s'était imposée de façon tout à fait simple, et tout à fait lumineuse. François Mauriac disait l'inépuisable actualité du christianisme, sa Vérité et sa force indestructible

– tant que l'homme défendra sa liberté originelle – par la double liberté que le christianisme révèle : celle du Créateur et de sa créature, et de l'amour à jamais *essentiellement* libre qui « naît de leur affrontement ». Il rappelait la parole fondamentale, fondatrice, de Jésus à Pierre, premier de ses disciples et de ses apôtres et qui serait le premier pape : « M'aimes-tu ? » (Jean 21, 17). Il rappelait celle de Jésus à ses disciples désemparés, prononcée à la suite de son long et difficile discours sur le pain de Vie, alors que beaucoup de ses auditeurs étaient partis : « Et vous aussi vous voulez me quitter ? » (Jean 6, 67). Paroles qui, à travers eux, au-delà des siècles, s'adressent à nous.

Au terme de ce qui n'était pas une conférence mais la transmission humble et vraie d'un flambeau de vie, François Mauriac m'a rappelé ma responsabilité de chrétienne et toute son étendue, toute son implication dans ce XXe siècle dont la barbarie, soulignait-il, a entamé jusqu'au cœur cette assertion de Jésus : « Ne craignez pas ceux qui tuent le corps et qui ne peuvent pas tuer l'âme. »

*

Je suis partie pour l'Italie, retrouver un peu de sérénité. Par les temps qu'il fait, emplis de tonnerres et brûlés par la poudre, ces temps de blasphème où l'on assassine au nom de Dieu, une terre attend tous ceux qui croient encore aux chemins de paix. C'est l'Ombrie et, en Ombrie, le chemin de François, cette Via Francigena ou Via di Francesco qui transperce le cœur exact de l'Italie, comme la flèche d'or de l'Amour a transpercé le cœur des mystiques. On peut le parcourir du nord au sud, depuis La Verna jusqu'à Rome, ou seulement partir de Rome vers Assise. Quel que soit le point cardinal du départ ou celui de l'arrivée, Assise reste le centre de cet en-route – Assise où il y a plus de huit cents ans, un jeune homme jetait les habits du siècle aux pieds de son père pour prendre une tunique de bure et partir « réparer l'Église » ; Assise où il y a bientôt trente ans, Jean-Paul II invitait les dirigeants religieux du monde entier à se réunir pour prier ensemble, pour la paix.

Je réalise enfin mon rêve de mettre mes pas dans ceux de François, depuis son ermitage du Greccio où il inventa la première crèche, à celui des Carceri qui domine Assise, où se dresse toujours le chêne qu'habitaient les oiseaux qui lui prêtèrent l'oreille. C'est un chemin difficile, physique, tout en côtes et en éboulis, ponctué de peu de haltes. Un chemin de solitude et de silence, mais aussi d'une immense sérénité malgré la beauté belliqueuse de ses villes fortifiées, de ses villages en nids d'aigle, des épaisses forêts qui dévalent ses combes.

Au fur et à mesure des étapes, on comprend pourquoi cette terre a donné tant de mystiques à la chrétienté. Elle semble avoir été créée pour chanter les louanges de Dieu, et attester, par quelque magie de sa lumière, quelque pureté de son air, par la limpidité de ses eaux, par les courbes et les perspectives de ses collines, l'évidence des Évangiles. Angèle de Foligno, Jacopone da Todi – l'auteur présumé du « Stabat Mater » –, sainte Claire, saint Benoît et bien évidemment saint François d'Assise et ses disciples, tous ont eu l'âme portée vers le ciel parce que tout ici y porte, messire frère soleil, sœur lune et les étoiles, frère vent, notre mère la terre et ses fleurs diaprées dans les herbes, et jusqu'à notre sœur la mort corporelle. « Heureux soient-ils », ces saints et ces mystiques, et tous « ceux qui pardonnent par amour du Seigneur, qui supportent épreuves et maladies, heureux s'ils conservent la paix », comme le priait François dans son *Cantique*.

Sur la Via Francigena, on marche le souffle soutenu par les chants d'oiseaux, parfois dans l'ombre des chênes verts, parfois dans l'argent des houles d'oliviers, l'âme portée aux laudes. On y souffre souvent, et surtout lors des deux étapes les plus rudes – celle qui mène à Monteluco, en balcon sur la ville de Spolète, et celle du mont Subasio, qui finit à Assise. On souffre, alors on marche à tout petits pas pour sanctifier la pente, la fatigue, les crampes sans que la pente, la fatigue, les crampes perturbent jamais cette atmosphère de calme et de paix. On s'en étonne. Pourquoi y a-t-il sur ce chemin, peut-être plus que sur aucun autre, ce sentiment d'une communion, quand on y rencontre si peu de monde ? Sans doute parce que ce pèlerinage, on se doit de le faire non pour soi-même, non pour l'exploit physique, non pour une ascèse spirituelle ou une méditation dans la marche, non plus pour la réalisation d'un vœu si pieux soit-il, mais pour la paix.

C'est la prière pour la paix qui porte tous ces pas, qui succèdent aux pas de ceux qui nous ont précédés. Une seule marche pour une seule prière, et c'est un seul cœur qui se crée, une unique et singulière communion. Dans la musique des torrents et de l'eau qui court – notre sœur l'eau –, dans la grande brise qui compose dans les aiguilles de pin la chanson des âmes en voyage, dans les grands prés si proches du ciel, sur les rives endormies des lacs et aux portes des abbayes barreaudées de cyprès, on prie pour la paix. Paix dans le monde, paix entre les hommes de bonne volonté, paix en famille, paix entre amis, paix en soi. Et alors, le visage contracté par l'effort, encouragé par les sonnailles des clochers romans, on comprend pleinement, pas après pas, comme un paysage qui se dévoilerait au passage d'un col, ces paroles de Jésus qu'il ne tient qu'à nous, dans notre en-marche sur cette terre, dans notre vie de reverdir : « Je vous laisse la paix, je vous donne ma paix. Je ne vous donne pas comme le monde donne. Que votre cœur ne se trouble point, et ne s'alarme point » (Jean 14, 27).

*

Octobre

Tout dogme, toute doctrine repose sur un acte de foi. Même si je me demande de plus en plus souvent si ce n'est pas le dogme que nous préférons au reste, alors que c'est la foi qu'il convient de garder. C'est pour elle seule qu'il convient de se battre – je pense à un combat intérieur bien sûr, et à une fidélité à ce qu'elle porte publiquement arborée. Dès lors, comment la défendre si ce n'est en construisant son propre chemin de sainteté ?

Mais qu'est-ce que la sainteté ? Certes, elle peut se résumer à l'imitation de Jésus-Christ, du moins sa tentative, par le déploiement de ce que Dieu a déposé de divin en nous. Mais cette image me donne le vertige. L'ampleur du chantier spirituel me décourage. La tentation me vient de renoncer – non pas à tout mais, bien plus subversivement, à des petits morceaux de l'édifice, aux efforts trop contraignants et à l'ennui que j'imagine résulter d'une vie d'ascèse et de bonté. Il y a un diable en moi qui se rebiffe contre les images lénifiantes et sucrées du saint confit en dévotion. Il y a un démon personnel – mais ne suis-je pas mon pire ennemi ? – qui me souffle de me vautrer dans les plaisirs de cette vie que j'aime tant, et que j'ai épousée dès ma naissance pour le meilleur et pour le pire. Je l'avoue, la tentation du feu n'est jamais loin. L'attrait du rire et de ses désordres se fait parfois irrépressible. Le découragement me sert d'alibi. C'est que la sainteté, quand son idée me traverse l'esprit, m'apparaît toujours, comme l'horizon, le point le plus éloigné de la vie et qui jamais ne se rattrape. Elle me fait penser à cette réponse d'un péon à un cavalier perdu dans la pampa qui lui demandait ce qu'il y avait de plus proche pour y passer la nuit : « Le plus proche, *señor*, c'est l'horizon. »

Et puis ma sœur m'a invitée à faire quelques pas à ses côtés. Son corps était aussi malade que son esprit était vif – elle était aussi proche de la mort que son âme l'était de l'immortalité. Elle avait accepté de se soumettre à ce destin de souffrances et l'avait transformé en or. Son exemple m'a appris que la sainteté est un chemin. Un chemin comme celui qu'empruntent les pèlerins partis pour Jérusalem, Rome ou Compostelle. On y trouve le même paradoxe : les douleurs – crampes, ampoules aux pieds, épuisements – vont de pair avec la joie, et c'est elle qui augmente quand les premières s'amenuisent. Mais quel chemin alors ? Qui le balise ? Où sont ses gîtes, son début, ses cartes, son but ? Ce chemin est une voie déployée comme un ruban de souvenirs – la mémoire de tous ceux qui l'ont emprunté avec ce simple viatique pour entreprendre le voyage : ne jamais se départir de son humanité, mais l'embrasser dans son possible le plus lumineux, le plus ardent, le plus *amoureux*. « Le but ? me disait ma sœur. Qui peut savoir s'il l'atteindra un jour ? Qui peut même, ici-bas, prétendre que quelqu'un a pu en franchir le seuil ? Mais le moyen, oui, il en existe au moins un, universel et singulier : non pas être un autre, mais soi, entièrement soi dans l'abandon de ce qui nous encombre, nous engonce, nous plombe, ces faux pas qu'on appelle les péchés et leurs tentations. » Le péché : cette notion pesante, liberticide, surannée, qui fait tant rire les modernes, sans que jamais ces modernes soient parvenus à nous expliquer pourquoi les péchés – et le fait d'y succomber – échouent à rendre l'homme heureux. Or, y a-t-il eu des candidats à la sainteté ou des saints malheureux de l'être ou malheureux d'avoir, leur vie durant, tenté de l'être ?

Avec ce que peut être un chemin de sainteté, Martine, ma sœur, m'a aussi fait comprendre la vraie nature de Judas, et les raisons probables de son suicide. Judas, c'est celui qui avait la foi, comme je prétends l'avoir. C'est celui qui avait compris qui, *en vérité*, était Jésus de Nazareth. Le moins stupide, le moins sourd et le moins aveugle de ses disciples. Et pourtant, c'est celui qui fut incapable de lui répondre et de s'oublier pour le suivre. Son impuissance l'a résolu non pas à lutter pour triompher d'elle, mais à se débarrasser du sujet qui la lui révélait. Il a livré Jésus. Et de tout temps, tous ceux qui, comme lui, étaient dérangés par sa parole, tous ceux que leur foi en demi-teinte, leur âme paresseuse, leur inertie à se renoncer rendaient allergiques à la Vérité y ont trouvé leur compte. Se sont-ils suicidés pour autant ? Se suicide-t-on pour autant ? Mais que fait-on d'autre dans l'abus de drogue, d'alcool ou de tranquillisants, dont nous sommes, si l'on en croit les statistiques, les premiers consommateurs au monde ?

Souvent, je me dis que moi aussi, qui marche à côté du chemin ou, pire, à rebours du chemin, je livre le Christ à mon tour, en toute connaissance de cause, parce que je sais qu'il est ce qu'il proclamait, la Vérité, et que je ne lui réponds pas avec et par ma vie tout entière, je sais que mon oui n'est pas ce oui qu'il appelle. Il reste un « oui mais ». Et dans ce mais, roulent les trente deniers de Judas.

*

J'aimerais demander à tous d'entrer en résistance. Non pas en brandissant des pancartes ou des fusils, ni en défilant dans un quelconque cortège, mais en s'opposant à l'insidieuse disparition des mots qui disent le partage, la gratuité, le don, au profit de termes marchands. Aux temps barbares leurs barbarismes. L'économie contamine aujourd'hui jusqu'au langage.

Ainsi, hier encore, lorsque nous avions le bonheur de parler à quelqu'un, nous partagions des idées, des mots d'amour, des points de vue ; nous nous confiions ; nous exprimions nos sentiments ; nous avions une très belle discussion ou nous nous disputions. Nous nous adressions à celui-ci, ou celui-là, que nous avions élu. Nous nous entendions, ou pas. Nous partagions nos impressions, nos états d'âme, ou pas.

Aujourd'hui, on « échange ». Comme si nos rencontres se déroulaient dans un cadre et avec des visées strictement marchandes, selon la définition même du dictionnaire : « Échanger : céder moyennant contrepartie. » On « échange », mais quoi ? Rien. On « échange », point final. On délivre une information, mais à la condition d'un retour sur investissement. Ainsi, il n'est même plus question d'échanger quelque chose, comme on échangeait un regard. Ainsi, parler à l'autre, instaurer un dialogue, ce n'est plus une communion mais, pour reprendre un slogan politique cocasse, du « donnant-donnant », voire du « gagnant-gagnant ». De là, encore, le recours aux termes guerriers : « On a échangé, et ça a bien impacté. » De là l'invasion de l'anglais, la langue de la domination économique et de notre soumission à son impérialisme matérialiste et financier – la Française des jeux n'a-t-elle pas renommé le gros lot My Million ?

Déjà, nous avons perdu nos paysans, ceux-là mêmes qui fructifiaient la terre, avec toute la noblesse que donne la terre justement, avec tout le sens ancien du pays, ce terreau inscrit dans notre horizon personnel, et qui nous forme, et qui hier encore nous donnait des frères et des sœurs : il ou elle était mon pays, c'est-à-dire originaire du même village, de la même région. Hélas, ces paysans ont été sommés de devenir des « exploitants agricoles » et le pays une matière à exploiter.

Ces glissements de sens ne sont pas anodins. Ils disent l'invasion de la violence économique et le basculement de notre monde dans une autre civilisation, non plus celle du Verbe mais celle de l'argent via la marchandise, le profit et la technique.

Par pitié, et par amour, il faut chasser ces barbarismes de notre vocabulaire, de notre langue splendide, précise, ciselée par la grammaire, grâce à quoi les roses de Ronsard sont restées des roses et leurs amoureux des jardiniers. Grâce à quoi nous nous parlons encore avec un plaisir absolument gratuit, dans un partage heureux. Car qu'est-ce que la parole, si ce n'est le premier pas de l'engagement, les premières lettres de cet amour que nous devons porter à notre prochain, comme nous le rappelle Matthieu (22, 36-40) : « “Maître, dans la Loi, quel est le grand commandement ?” Jésus lui répondit : “Tu aimeras le Seigneur ton Dieu de tout ton cœur, de toute ton âme et de tout ton esprit. Voilà le grand, le premier commandement. Et voici le second, qui lui est semblable : Tu aimeras ton prochain comme toi-même. Tout ce qu’il y a dans l’Écriture – dans la Loi et les Prophètes – dépend de ces deux commandements.” »

*

Novembre

Toussaint, c’est peut-être le jour dans l’année où chacun entre en soi plus solennellement encore que d’habitude, parce qu’il cherche à y retrouver la silhouette de l’aimé disparu et à renouer avec lui un dialogue que le silence a rendu essentiel. C’est le jour où, comme par une opération magique, chacun a aussi le pouvoir de ressusciter un disparu par la commémoration. Le jour où l’on peut ordonner à ceux qui ne sont plus de revenir en nous.

Nous avons cette puissance, en disant un nom tout haut, de faire revivre celui qui le portait. Leur nom, qu’ils ont habité, chargé de leur présence et de nos souvenirs, chargé de leur amour aussi, c'est l'héritage que tous les disparus nous laissent. Ainsi, avec leur nom, les artistes – peintres, sculpteurs, musiciens, chorégraphes, écrivains et poètes – nous ont aussi légué leurs œuvres. Parmi eux, il y a des noms très éclatants de célébrité, il y a ceux qui, pour des raisons obscures, bénéficient de moins d'honneurs quoique leur art soit immense, et il y a aussi ceux, bien plus rares, qui ont tout fait pour qu'on oublie leur œuvre.

Parmi ceux-là, je voudrais, en ce jour particulier, évoquer Germain Nouveau (1851-1920), ami de Rimbaud et de Verlaine, disciple discret de Mallarmé, que la mort enveloppa très jeune : orphelin de mère à sept ans, à treize ans de son père et de sa sœur. Déjà auteur d'un recueil de haute spiritualité, les *Valentines*, Germain Nouveau connut, le 14 mai 1891, lors d'un voyage à Jérusalem, une révélation qui lui fit embrasser la vocation d'errant, dans les pas et selon le modèle de Benoît Labre préfigurant les beatniks mystiques. Dès lors, « mendiant étincelant », selon le mot d'André Breton, Germain Nouveau, qui dès que converti s'était mis à signer ses poèmes Humilis, vagabonda sur les routes de Provence, d'Espagne et d'Italie, pour revenir dans son village natal de Pourrières où, le jour de Pâques de l'an 1920, le 4 avril, rue de la Baraque, on le retrouva mort de faim, le corps couvert de poux et de vermine.

Un de ses poèmes – écrits à la hâte sur un calepin de ciré noir sans jamais passer à la ligne, et dont les vers, comme lui, circulaient entre ses propres dessins – rend justement hommage à tous ces artistes inconnus, ceux qui firent, dans l'humilité et l'anonymat, les cathédrales qu'il aimait et qu'il chante : « Ceux-là qui dressèrent la tour / Avec ses quatre rangs d'ouïes / Qui versent la rumeur des cloches éblouies, / Ceux qui firent la porte avec les saints autour, /Ceux qui bâtirent la muraille, /Ceux qui surent ployer les bras des arcs-boutants, / Dont la solidité se raille / Des gifles de l'éclair et des griffes du temps ; / Tous ceux dont les doigts ciselèrent / Les grands portails du temple, et ceux qui révélèrent /Les traits mystérieux du Christ et des Élus, / Que le siècle va voir et qu'il ne comprend plus ; /Ceux qui semèrent de fleurs vives /Le vitrail tout en flamme au cadre des ogives ; / Ces royaux ouvriers et ces divins sculpteurs/ Qui suspendaient au ciel l'abside solennelle… »

En ce jour des Morts, de tous les morts, les nôtres et ceux de l'humanité, je me dis que tant que nous les nommerons, ils n'en auront jamais fini de vivre et de continuer leur trajectoire dans notre cœur. Ceux qui n'ont pas de signature, qui ne l'ont pas laissée, qui se sont fondus dans leur œuvre, louons-les dans leur œuvre justement, selon l'hommage de l'écrivain André Suarès : « Qu'importe au statuaire de Chartres qu'on ne sache même pas son nom ? Les Reines sont de lui : il les a faites. Des noms, tant qu'on voudra. Mais qu'importe l'œuvre immortelle et l'homme qui l'a créée. Il n'a pas de nom ; il vous laisse la gloire ; il n'a eu que l'être de la création. » Je veux nommer mes morts, tout haut, et dans l'esprit même de Germain Nouveau, parce que, selon l'enseignement de Hillel, « si je ne m'aide pas, qui le fera ? Si je n'aide que moi, qui suis-je ? Et si ce n'est pas maintenant, quand ? ».

*

Nous avons des petites sœurs, ce sont les mêmes pour nous tous, et nous l'oublions. Je veux parler des religieuses qui se sont fondues dans notre quotidien, que nous croisons parfois, très rarement, dans nos rues, et dont l'actualité ne parle jamais. Je pense à toutes ces hosties de Dieu que sont ces femmes, dans l'humilité et l'anonymat de leur vocation. Ces femmes qui ont résolument franchi le pas qui séparait leur vie du Christ, le néant de Dieu ; ce pas, unique, si simple apparemment, si court, et qui enferme la totalité du monde que nous aimons – la famille, les amis, les plaisirs, les vacances, l'opulence. Éloignées du pouvoir, de toute ambition d'une carrière dans la hiérarchie, elles sont pourtant celles qui l'exercent pleinement, en prenant à bras-le-corps la seule matière vivante de l'univers : nos âmes, dans leur trajectoire obscure sur cette terre. Quel que soit l'ordre auquel elles appartiennent, elles répondent à l'injonction de saint Jean de la Croix : elles mettent un peu d'amour là où il n'y en a pas. Là où il y en a de moins en moins.

J'ai toujours été étonnée des propos haineux que ces petites souris de Dieu suscitent parfois. Ainsi, il n'y aurait rien de plus bête et de plus méchant que les religieuses de l'enseignement catholique. Pour moi qui ai été pensionnaire pendant deux ans dans l'une de ces institutions, j'en ai gardé un souvenir merveilleux. Non que je pense que toutes les sœurs de ces institutions soient des saintes – comme partout, il y a des fines fleurs et des mauvaises herbes –, mais la majorité n'a rien à voir avec ces mères Mac'Miche qu'on voudrait dénoncer.

Pour ma part, je les ai aperçues – tellement nombreuses – dans des lieux où il n'y avait rien à gagner, sauf le ciel. J'ai admiré sœur Catherine en Algérie, autrefois infirmière, que les Touaregs appelaient Hyatt, la Vie, parce qu'elle courait les campements pour aider les femmes à accoucher. Les sœurs de la Miséricorde à Calcutta, dans les mouroirs des intouchables qu'elles touchaient pourtant, toilettaient, soignaient. Sœur Marie de la Miséricorde, cette augustine qui n'a pas lâché la main ni cessé de prier pour ce vieux et violent malade, dans une maison de retraite. Celles qui, dans nos villes, ouvrent leurs portes aux miséreux des périphéries dénoncées par le pape François. Toutes celles qui, en Afrique, en Inde, en Amérique, nettoient, soignent, consolent la misère du monde jusqu'à la mort. Les sœurs de Saint-Jean-de-Dieu décimées au Liberia aux côtés des malades de la peste ebola, qu'elles n'ont pas voulu quitter. Toutes celles qui, recluses, prient jour et nuit pour nous, et pour dire Dieu dans une société qui semble ne plus en vouloir. Nos petites sœurs dont on parle si peu et à qui nous devons tant, et pour lesquelles notre gratitude est infinie.

*

Je ne sais pour quelle raison, je suis de plus en plus frappée par la permanence, dans nos villes, à leur cœur ou leur périphérie, autour des rails (surtout là, oui), dans les ports, et plus encore dans les zones industrielles, des *terrains vagues*, toujours les mêmes.

Outre la poésie du terme, qui semble dire à elle seule la vocation à l'incertitude, à l'indéfini, à la déshérence de ces lieux, leur nom renferme le destin de ces espaces incompréhensibles, dont il semble qu'on sache d'emblée qu'ils resteront ainsi, abandonnés, toujours. Pourquoi tous ces espaces se fixent-ils ainsi, dans un destin d'entre-deux, de *no man's land*, alors que l'espace justement, surtout dans les périphéries des cités, est de plus en plus recherché ? Et de même ces bâtiments éventrés, ouverts aux quatre vents et qui sont laissés comme de vieilles valises sur le bord du chemin. Qui sont les propriétaires ? Quelle fut leur destination autrefois, et quel progrès, quelle splendide économie représentaient-ils ?

Les séries policières télévisées se sont emparées de leurs murs lépreux, de leurs toitures béantes, de leurs squelettes de ferraille et de béton pour y tourner les scènes où l'on sait que personne, jamais, ne viendra sauver le pauvre innocent de la folie meurtrière de son assassin. Ce sont effectivement des lieux de haute émotion. Qu'on s'y promène, et à la peur de voir surgir un vagabond s'ajoute le sentiment de déréliction qui imprègne l'endroit. Une fois le malaise passé, on s'étonne : il n'y avait donc rien à sauver de ces briques, de ces rails ? Quelle promesse d'une productivité plus grande, d'une maximisation des profits irrésistible a donc poussé les propriétaires à tout abandonner à la dévastation ? Alors, plus de routes entretenues, plus de trains de marchandises, plus d'ouvriers pour pousser ces portes ni de marchandises pour remplir ces hangars. Ce membre du grand corps urbain se gangrène. Il se détache de la géographie, du temps et du réel. Il devient vague.

Le progrès combiné à la convoitise laisse ses cadavres. Ces zones, mais encore ces hauts-fourneaux glacés, ces poteaux rongés, ces carrières éventrées, toutes ces exploitations qui ne sont plus exploitées parce qu'il y a eu mieux, moins cher, plus moderne ailleurs... Ces béances qui déchirent les paysages, aspirent tout optimisme, pourquoi n'en fait-on rien ? Que n'oblige-t-on les propriétaires à rendre le lieu comme ils l'ont trouvé, à sa virginité naturelle ? Ces terrains sont-ils laissés dans cette forme inédite de jachère pour nous apprendre à méditer sur les effets de la mondialisation et sur l'incessant gaspillage de nos sociétés industrielles ?

La seule chose qui réjouisse vraiment l'esprit,

lorsqu'on pénètre dans ces terrains vagues, c'est le spectacle formidable de résistance qu'offre la nature. La poussée des racines sauvages fendille le macadam. Entre les flaques aux reflets douteux, toute une famille d'herbacées a repris ses droits. Fleurs sauvages et même arbustes et buissons et dès lors, quelques oiseaux. Cette floraison anarchique redonne au lieu un peu de féerie, une ébauche d'avenir.

Y aurait-il, du fait de cette sève, par la puissance de cette force végétale que rien ne pourrait entièrement contraindre, une poétique du terrain vague ? Une métaphore de la vie qui triomphe de tout ? Une incitation à méditer sur l'énergie qu'il faut insuffler autour de soi pour qu'explosent les plaques de désespoir, les fabriques de mélancolie, les images de mondes détruits qui furent autrefois prospères et peut-être heureux ?

*

Moi qui ai horreur des distinctions arbitraires entre les êtres, et notamment entre les hommes et les femmes – vous savez, le « cinéma des femmes », la « photographie des femmes », le « roman des femmes », comme si ce qui importait n'était pas uniquement le cinéma, la photographie, le roman ! Imaginerait-on un festival du « cinéma des hommes », de la « photographie des hommes », de la « poésie des hommes » ? –, moi qui ai horreur de ces distinctions donc, je reconnais à Thérèse d'Avila de m'avoir obligée à réfléchir à la réalité d'une expression spécifiquement féminine de la spiritualité.

Grâce à Thérèse d'Avila, j'ai relu avec attention ce qui faisait écho à sa sensualité, lorsque, dans la plus authentique vérité, elle écrit combien elle *jouit* lors de ses colloques avec Dieu, combien, dans la logique même de l'Incarnation, elle invite son corps et ses sens à exprimer la joie de ses extases par un plaisir qui est aussi physique et qu'elle nomme une « béatitude surpassant toute joie créée ». À cet instant, Thérèse a quarante-cinq ans. Elle qui se sentait, quand elle entrait en oraison et en ravissement, « comme languit une biche après les eaux vives, ainsi languit mon âme vers toi », vient de vivre l'extrême jouissance d'un cœur fléché d'amour par un ange.

Ce qui est revenu à ma mémoire dans cette lecture, ce sont les lettres d'Héloïse à son amant Abélard. Thérèse et Héloïse ont en commun de ne pas renier la participation de leurs sens à leur sentiment amoureux. Sentiment amoureux pour Dieu dans l'amour qu'Héloïse porte à Abélard, et qui le sacralise, sentiment amoureux pour le Christ que Thérèse a épousé en prenant le voile. Oui, reconnaît Thérèse sans fausse pudeur ni hypocrisie, elle jouit quand elle entre en extase et à ceux qui, comme elle, éprouvent le même trouble physique quand ils prient *corps et âme* (son frère, saint Jean de la Croix), elle répond qu'il n'y a rien là d'anormal ni de répréhensible, qu'il ne faut pas s'y arrêter parce que le plaisir du corps n'est qu'un chemin pour atteindre l'union mystique, la fusion de l'âme dans l'âme protéiforme de Dieu.

S'il semble, à première vue, que l'amour d'Héloïse pour Abélard ne soit qu'un amour charnel, une exaltation sexuelle, la lecture de sa correspondance destinée à son amant balaye cette vision si réduite, paillarde et profanatrice. Lorsqu'elle aime et se donne à Abélard, Héloïse opère la fusion non seulement des corps, mais par eux et à travers eux de cet être en deux moitiés qu'elle réconcilie, qu'elle reconstitue dans sa plénitude originelle, et originaire. Elle était orpheline de cette part, elle la rallie dans la jouissance, parce que la jouissance est la joie du corps, son exultation à accomplir une union et, dès lors, à s'ouvrir au possible de la Vie et de l'Amour – ces deux formes d'enfantement.

Abélard la supplie-t-il de se repentir de ses « fornications », elle lui répond vertement qu'il n'a jamais été question pour elle de concupiscence mais d'amour divin. Alors qu'elle était dans les bras d'Abélard, elle n'a jamais oublié que son corps était un temple sacré. Elle le proclame : elle n'a jamais interprété le sexe autrement qu'en médium de son amour. « J'ai vécu autre chose », affirme-t-elle à Abélard, tout à fait fidèle à ce qu'elle est, et à ce qu'elle a consenti, quand il lui parle de « fornications ».

Cet « autre chose », pour Thérèse de Jésus comme pour Héloïse, accorde la vie et la pensée. Toutes les deux affirment, avec leur vie même et chacune à sa façon, que leur corps est le trait d'union entre l'immanent et le transcendant. Que le « féminin », pour parler un langage moderne, se distingue par sa puissance à diviniser la vie, et à rester une mesure irréfragable du temps divin. Toutes les deux, Thérèse et Héloïse, invoquent le Cantique de Salomon pour exprimer la sensualité de leur amour. Après tout, n'est-il pas écrit : « Qu'il me baise des baisers de sa bouche ! Car ton amour est meilleur que le vin, tes parfums ont une odeur suave, ton nom est une huile épandue ; c'est pourquoi les jeunes filles t'aiment » (1, 2-3). Et encore : « Entraîne-moi après toi ; courons ! Le roi m'a fait entrer dans ses appartements : nous tressaillirons, nous nous réjouirons en toi : nous célébrerons ton amour plus que le vin » (1, 4).

Héloïse et Thérèse délient Éros et Thanatos, l'Amour et la Mort, ce couple contre nature, pour remettre dans la pleine lumière le couple que célèbre le Cantique des cantiques : celui que forment Éros et Agapè. Cette liaison est la voie même de la mystique qu'ont si bien comprise les théologiens orthodoxes, et que cette femme et cette sainte ont eu le courage de défendre, pour nous rappeler que l'Amour est saint et unique, et qu'un seul amour dans le ciel et sur la terre suffit à nous sanctifier par la simple récapitulation du mystère.

*

Décembre

C'est le premier dimanche de l'Avent ! Voilà une excellente nouvelle. Avent comme avènement. Avent comme *aventure.* « Aventurons notre vie », disait Thérèse d'Avila. Allez hop ! Que je m'oublie un peu. Que j'entre dans ce temps sans accablement, fatigue, résignation, désolation. Je suis dans le temps de *tous les possibles*. Ma vie, mes sourires, ma maison, mes regards, ma joie, tout doit en témoigner. Le monde est enfin revenu au temps de l'attente et du désir. Ce désir est celui de l'accomplissement.

C'est aussi le moment d'oublier ma petite personne, mes bobos à l'âme, mes incertitudes, mes « droits » que je brandis comme des armes, comme si ma vie était devenue une « manif » permanente, sans plus jamais considérer ce que je dois aux *communions* qui me portent – le quartier, la ville, le pays, l'humanité tout entière. Ces devoirs qui feront tomber tout justement les barrières entre les *communautés,* qui induisent désormais un enfermement, un repli hostile, une défiance chronique à l'égard de tout ce qui n'est pas elles, et entretiennent une détermination à ne pas se fondre.

Enfin, c'est le temps de la *cohérence* à quoi oblige la Vérité. Cohérence entre le discours, qui n'est que slogans trempés dans le « bon sentiment » que l'opinion générale m'impose comme un code de bonne conduite, et la pratique réelle, dans la vie réelle, du respect de l'autre jusqu'à celui de sa confession, de l'amour de l'autre jusqu'à l'aide qu'on lui apporte, de la volonté de paix jusqu'aux actions que mènent les diplomaties et les économies secrètes.

C'est aussi le temps de la trêve de Dieu – temps de l'innocence et moment privilégié où se fabrique l'attente la plus radieuse : l'avenir.

*

Je relis avec délice le roman de Mary Shelley, *Frankenstein ou le Prométhée moderne* (1818). Nous connaissons tous l'histoire de cette créature, fabriquée à partir de chairs mortes et animée à coups de manipulations hasardeuses par un jeune savant, Victor Frankenstein, qui l'abandonne aussitôt amenée à la vie. Livrée au monde sans éducation, repoussée par la société du fait de sa hideur, la créature de Frankenstein se lance alors dans une épopée criminelle pour retrouver son créateur et se venger de lui.

La créature a donné elle-même naissance à un mythe dont Mary Shelley, l'épouse du poète Percy Shelley, était loin d'imaginer la postérité. C'est que, dans la littérature, il existe peu de contes qui soient aussi prophétiques ou plutôt dont la prophétie se soit aussi dramatiquement confirmée. L'intention de Mary Shelley, femme et mère, était de répondre à l'enthousiasme aveugle des Lumières pour la raison. Comme les écrivains et les poètes du romantisme, elle manifestait les plus grands doutes à l'encontre des promesses triomphantes des Lumières d'un avenir maîtrisé par la science, et de l'illusion d'une humanité nouvelle affranchie de Dieu et créée à son égal. Quelles sont les conclusions de ce roman ? Qu'on ne peut pas mettre au monde un être vivant sans lui offrir une éducation morale, quand bien même on estimerait qu'il appartient à une espèce nouvelle, ou à une société nouvelle. De même qu'on ne peut pas jouer aux apprentis sorciers puis, confronté à l'horreur de sa création, s'en laver les mains et laisser la « chose » ravager le monde.

La grande question que continue de poser cette histoire, et qui la rend toujours actuelle, porte sur l'intérêt d'une science qui dote l'homme de pouvoirs presque illimités sur le contrôle de la vie – gestation pour autrui, manipulations génétiques, techniques nucléaires, nanotechnologies – sans lui conférer, dans le même temps, les mêmes pouvoirs de contrôle sur sa propension à faire le mal. Car qui contesterait que la propension de l'homme à faire le mal soit restée la même qu'aux temps les plus reculés de l'histoire, voire qu'elle soit pire encore ? Pour qui en douterait, il n'est qu'à consulter la carte des conflits mondiaux actuels, qui n'a rien à envier, dans sa barbarie, à celle des faits divers.

*

Autrefois, le 24 décembre, dans les fermes, on gâtait d'une ration supplémentaire les pensionnaires de l'étable et de la basse-cour. C'est que selon une vieille légende, ce jour-là, à minuit, les animaux maltraités, dotés miraculeusement de la parole, prédisaient les morts de l'année à venir.

J'aime beaucoup ces histoires qui entremêlent le merveilleux des Évangiles à celui des contes païens. Celle-là révèle toute l'intimité que connaissaient les habitants de la ferme, l'amitié entre les hommes et ceux qu'on appelait encore les « bêtes ». Et aussi la considération et l'affection qu'on avait pour ces animaux sans qui leurs propriétaires n'auraient pas survécu. Sans doute est-ce cette tendresse pour eux qui a inspiré au rédacteur de l'Évangile apocryphe du Pseudo-Matthieu, au VIIe siècle, la présence de l'âne et du bœuf autour du berceau de Jésus, alors qu'ils sont absents dans les Synoptiques. « La bienheureuse Marie entra dans l'étable où elle mit son enfant dans la crèche, et le bœuf et l'âne l'adorèrent », raconte cet Évangile. Il faut s'amuser des passions de l'exégèse que ce bœuf et cet âne ont déchaînées. Est-ce vraiment au

VIIe siècle qu'ils sont apparus ? N'était-ce pas un rappel de la prophétie d'Isaïe, qui évoquait la naissance du Messie dans une étable, et qui fort justement avait inspiré, à ceux qui s'en étaient souvenus, la présence du bœuf et de l'âne ? Ces deux animaux n'étaient-ils pas des allégories des bons Juifs et des mauvais Juifs ?

Moi je préfère retrouver dans cette présence la conviction de la bonté du monde qu'affirme la Genèse, où dès la création tout prend place dans une harmonie délicate. Différemment de ce que disent les grands textes fondateurs, qu'ils soient hindouistes, shintos, amérindiens, incas, mayas, ou inuits et bien d'autres encore, le monde dans la Bible n'est pas né de la guerre et du chaos, de la destruction et du fracas. Il est né d'un *fiat* bienveillant et ordonné, où les animaux peuplent les éléments bien avant la création d'Adam et d'Ève, et semblent même les attendre, pour que leurs battements d'ailes, leurs courses, leurs souffles, leurs écailles, leurs chants, leur chaleur président à leur naissance, comme l'âne et le bœuf à celle du divin Enfant.

*

Nous voici au matin du plus bouleversant mystère, du plus extraordinaire événement qu'a connu le monde : l'Incarnation. C'est la plus magnifique histoire d'amour qui soit, qui meut les étoiles et émeut les hommes. C'est le plus incroyable rapprochement que Dieu ait jamais pu concevoir avec sa créature. Neuf mois plus tôt, un seul regard suffisait à faire une seule chair – le regard de Gabriel, esprit matérialisé, à la Vierge Marie, matière spirituelle.

Ce matin de Noël, c'est donc Dieu que Marie berce et tient dans ses bras sous la forme de ce petit être sans défense, de ce nourrisson démuni, à peine né et déjà menacé par la mort et par les hommes. C'est Dieu en Jésus et Jésus en Dieu que Marie désormais devra nourrir, protéger, aimer, éduquer.

Je veux garder cette image en tête, en ces temps où Dieu a tellement besoin de tous, de soins, d'amour, de tendresse et de l'assurance que chacun veillera à préserver sa croissance dans sa maison et dans son cœur, lui, si démuni dans notre monde. Lui, ce tout petit enfant dont la fragilité, face aux exactions des hommes, avait suscité chez André Suarès et chez Etty Hillesum l'idée que c'était à chacun de nous qu'il incombait de sauver Dieu, que les hommes avaient une fois de plus abandonné dans l'enfer du cynisme, de la guerre et de la haine.

*

Janvier

C'est l'époque des vœux de bonne année. Celui d'une excellente santé, je veux l'entendre comme Arthur Rimbaud la proposait dans son idéal : la « santé *essentielle* ». Autant dire l'attention extrême au monde par tous ses sens, aiguisés dans le déploiement de leurs pouvoirs. La vue pour regarder autour de soi, recevoir la beauté de l'univers et s'en réjouir, mais aussi observer les visages, les sourires, les mouvements des autres vers nous, fussent-ils imperceptibles, qu'il s'agisse d'appels au secours ou d'appels au partage et à la joie. La santé de la vue s'entretient comme celle du corps en général. Cette gymnastique oblige à chercher dans chaque manifestation sa vérité originelle, et donc à nous débarrasser de tous les à priori qui dévient notre jugement – et de tous les préjugés qui jettent l'ombre dans la lumière. C'est un exercice, comme la marche ou la natation, que de regarder au-delà des préjugés et des conventions. Qu'est-ce qui est *vrai* dans ce que nous voyons ? L'exercice est le même pour l'ouïe, qu'il convient de mettre à l'épreuve dans le silence le plus pur possible, puis d'exercer pour percevoir le chuchotement le plus ténu, la musique la plus intime, le rythme du cœur de ceux qui nous entourent. Écouter pour entendre ce qui sonne juste. On pourrait développer ce propos pour chaque sens. Caresser la joue d'un grand-parent, le tronc d'un arbre, la tête d'un chat ou d'un chien, humer le parfum de sommeil dans le cou d'un enfant endormi restent des bonheurs par quoi le monde s'engouffre en nous. De là notre *santé*, dans cette acuité entière, inentamée à se faire poreux au monde, pour ressentir l'autre et les autres, la création et toutes ses formes jusqu'aux mouvements invisibles des âmes.

Il y a aussi les nécessaires vœux de joie. Un visage radieux. Un esprit généreux et ouvert, un œil pétillant pour créer autour de moi la joie que j'aimerais recevoir. Joies au pluriel. Toutes les joies sont grandes, il n'y a pas de petites joies. Et aujourd'hui, cette joie, j'ai envie de la méditer à la lumière d'une tradition qui m'est tout à fait étrangère : lors de la nuit de la Saint-Sylvestre, les Japonais ne fêtent pas la nouvelle année dans la fête, la danse et l'alcool, mais par trois jours de prières intenses et de recueillement.

Et il y a enfin une promesse d'épiphanie : me réciter toujours les vers de Rimbaud, sa prière à la sortie de sa *Saison en enfer*, bien nommée « Matin ». La dire comme mienne pour que les Rois qui viennent déposer l'or, la myrrhe et l'encens au pied du berceau, Gaspard, Melchior et Balthazar, s'annoncent toujours comme « les Rois de la vie, les trois mages, le cœur, l'âme, l'esprit ».

« Quand irons-nous, par-delà les grèves et les monts, saluer la naissance du travail nouveau, la sagesse nouvelle, la fuite des tyrans et des démons, la fin de la superstition, adorer – les premiers ! – Noël sur la terre ! Le chant des cieux, la marche des peuples ! Esclaves, ne maudissons pas la vie. »

*

Février

J'ai été touchée, cette semaine, en lisant sous la plume de Colette l'histoire de Sido, sa mère, que sa fille avait invitée à faire un beau voyage. En ces temps sans Internet, sans téléphone encore, tout avait été prévu très à l'avance, les voitures, les billets, les hôtels. Paris était au programme, les visites aux amis et ses fêtes. Et puis, deux semaines avant le départ, que la fille et sa mère attendaient avec une impatience égale, Sido avait renoncé. C'est qu'il y avait chez elle une espèce de cactus très rare, qu'on lui avait offerte quelques années auparavant, dont on lui avait vanté la floraison. On lui avait affirmé qu'un jour, cette plante donnerait une fleur. Elle serait magnifique, et d'autant plus exceptionnelle que le cactus ne donnait cette fleur qu'une fois dans son existence. Et peut-être d'ailleurs ne ferait-elle jamais cette fleur, tant les conditions pour qu'elle s'épanouisse étaient difficiles à réunir dans un pays comme la Bourgogne, aussi étranger au climat et au soleil du Mexique.

Et quelques semaines avant ce voyage, l'extraordinaire était survenu. Un bourgeon, sur une tige, entre les piquants. Et tout indiquait que la fleur qu'il donnerait fleurirait, fanerait, et tomberait avant le retour de Paris de Colette et sa mère. Tout indiquait aussi qu'elle ne ferait sans doute jamais plus ce voyage si elle y renonçait : son âge, la disponibilité de sa fille… Mais Sido avait renoncé à partir. Aurait-elle attendu si longtemps l'advenue de cet événement, pour lui tourner le dos parce qu'une distraction bien plus spectaculaire lui était proposée ? Son attention s'était portée, avec les soins, sur cette plante, à attendre cette fleur comme on espère une aurore boréale, et elle s'en moquerait ?

Ainsi, elle n'était pas partie et, pendant une dizaine de jours, Sido était restée devant sa fleur, à la contempler, en remerciant le ciel de lui avoir fait ce présent. C'est un des plus beaux cadeaux que sa mère ait faits à Colette, a raconté à son tour l'écrivain qui ne s'était pas formalisée de cette annulation. L'attente, et la fidélité à cette attente comme à son objet, se sont gravées dans sa mémoire et sur la balance du temps, dont les mesures nous sont si personnelles, si subtiles : cette fleur a pesé dans sa vie bien plus que tous les souvenirs de Paris toujours là aujourd'hui.

*

Mars

Chaque semaine pascale qui s'annonce me demande un effort considérable, un acte de volonté féroce, dont l'exigence et l'énergie ne se sont jamais amenuisées avec les années. J'irai jusqu'à dire qu'elles ont augmenté avec elles. J'ai, dans le même temps, à me rappeler ce que je ne veux jamais oublier, comme le chantait Guillaume

Apollinaire : « Je ne veux jamais l'oublier, Ô mon amour ma blanche rade, Ô marguerite exfoliée, Mon île au loin ma Désirade », et à oublier cette part de moi-même qui cherche à m'emporter, je dois l'oublier pour ne pas vaciller sur la route. Il y a des années, un jeudi saint, mon petit enfant est mort dans son berceau. Je l'écris aujourd'hui pour la première fois, comme si je le *sortais* de moi, mais rien n'est atténué de cette horreur qui, parfois, me saisit à la gorge, toujours au détour d'événements que j'ai fini par repérer – les baptêmes, Pâques. La souffrance me revient alors, intacte. Le sol se dérobe sous mes pas et je coule, et je dois, physiquement, dans la recherche d'un oxygène qui se refuse à mes poumons, nager depuis les abysses, nager verticalement dans les eaux glacées de l'absence. Et chaque fois, c'est irrépressible, il y a ce hoquet de tout mon corps, la pression sur ma poitrine, mes poumons vidés et le cœur qui explose tandis que loin au-dessus de moi, la surface vitrée du monde, celle des apparences, miroite comme un verre cathédrale. Je me demande si j'aurai encore la force de crever cette surface, de revenir au ciel. Tout est exactement glauque, trouble et verdâtre. Laisserai-je ce fluide me dissoudre ? Parviendrai-je, un jour, à ne plus mourir un petit peu plus de ce fait *contre nature* entre tous : celle qui m'avait été offerte quelques mois plus tôt, Laure, ma petite fille, est morte. Je me rappelle avec quelle violence haineuse j'ai craché cette vérité à ma mère ce jour de Pâques, et son râle au bout du fil. Je me rappelle la haine puissante contre le monde qui me rongeait, et le sentiment de sidération hallucinée quand je voyais cette humanité qui osait rire encore, manger, boire, parler et vivre comme si rien n'était arrivé. J'ai fait mes premières découvertes sur l'absence qui pulse comme un abcès dans tout le corps – sur ce fantôme en soi. L'enfant mort, il reste l'amour pour cet enfant né avec lui, et cet amour est vorace. Il exige ses étreintes quotidiennes mais elles n'ont plus d'objet, et plus personne ne peut étancher cette soif. La moindre peau contre la mienne me devenait odieuse. L'amour que j'avais mis au monde n'avait pas été enterré avec l'enfant qui le portait, et comme un fantôme de ténèbres, il m'étouffait. Je me souviens de ce manque dévastateur tandis que le lait continuait de gonfler mes seins et noyait mon âme. Jour après jour, j'ai désappris tout ce qu'on me racontait sur la mort. On me disait que chaque jour amenuiserait ma peine. Qu'avec le temps… Mais il y avait des jours où j'allais presque bien. Et je baissais ma garde. Et soudain, brutalement, l'horreur surgissait devant moi et me précipitait dans la même stupeur, le même ahurissement, la même étanchéité de toute mon intelligence à *comprendre* ce qui était arrivé et ne cessait plus d'arriver, dans un éternel retour de chaque seconde qui ne me laissait aucun répit.

Où trouver un répit justement ? Je n'osais pas espérer la moindre consolation – mais au moins quelques moments de paix dans ces heures de noyade. Tout me semblait hostile. Je haïssais ceux qui ignoraient ; je fuyais l'air faux de ceux qui savaient, incapables d'ajuster leur sourire comme on ajuste le son de sa radio ou de son téléviseur. C'était toujours ou trop fort ou trop faible – inadapté. Leur maladresse – et je les entendais penser, affolés, « Que lui dire ? Le lui dire ? Faire comme si rien, faire comme si malgré tout » ? ; leur hystérie – si au moins ils cessaient de croire qu'ils pouvaient partager quoi que ce soit, ou m'ôter le poids de ce cadavre sur mon cœur ! ; leur fuite, l'air de ne m'avoir pas vue – j'ai eu l'impression, pendant des mois, que la terre entière me devait un argent qu'elle n'avait pas l'intention de me rendre. Je ne me rendais pas compte de la colère terrible dont j'avais fait mon masque.

Est-ce Pâques qui m'a fait donner ce coup de pied vigoureux au fond du fond, est-ce ma passion de vivre, la tristesse et les chuchotements de ma fille aînée ? Quand ai-je cessé de me repasser chaque seconde de cette fatale journée pour trouver comment rembobiner le temps ? Quand ai-je accepté enfin que j'étais bien responsable de sa disparition puisque je ne veillais pas sur elle quand l'ange de la mort était passé faire son marché d'âmes innocentes, pour engraisser son jardin des Limbes ? Quand ai-je renoncé, non pas à vouloir les autres enfants que j'ai eus, mais à attendre, dans ces enfants à venir, que Laure me revienne enfin ?

D'où m'est venu ce sursaut ? Je crois d'une conversation où quelqu'un, qui ne savait pas, m'a parlé de la mort des enfants comme *la* preuve irréfragable de l'indifférence de Dieu à notre sort, voire de son inexistence. Ces vies fauchées avant qu'elles aient pu accomplir pleinement la courbe de leur existence ne ruinaient-elles pas toutes les tentatives de croire en un bien possible, ici, maintenant et demain ? Quelque chose en moi s'est révolté à ces paroles. La mort de ma fille pouvait-elle être réduite à un incident dans la biologie générale du monde ? Un incident imparable qui emporterait avec lui toute foi, toute espérance ? N'était-elle pas un mystère ? Certes, un mystère inversé comme la prière qui se retourne, se nourrit de son propre contraire et devient blasphème, poing levé contre le ciel, un mystère incompréhensible comme cette antimatière qui existe dans l'univers et dont notre intelligence ne peut saisir, comprendre, ni peut-être même admettre la réalité. Mais un mystère aussi puissant que l'amour d'elle qui continue de m'habiter et que personne au monde, quoi qu'il fasse, quoi qu'il veuille, pas même moi dans mes heures de désespoir, ne pourront réduire à mon seul chagrin. J'ai fini par *consentir* à cette mort parce que je refusais qu'elle soit tenue comme pièce à conviction dans un absurde procès contre Dieu, ou contre son existence. J'avais désormais, de ma fille, à aimer jusqu'à sa mort, pour ne plus me débattre contre cet amour, le seul qu'il me restait encore d'elle, et que j'avais à protéger du monde, du désespoir et, trop souvent encore, de moi-même.

*

Lorsqu'on reprochait à Sacha Guitry de n'avoir pas répondu à une lettre, il répondait par ce mot d'esprit : « Oui, mais je l'ai lue deux fois. » Si le monde n'a pas répondu (par la paix, par l'amour, ou par la joie tout simplement) aux vœux universels de joie que la fête de Pâques lui adresse, nous avons, nous aussi, le bonheur de pouvoir les lire et les souhaiter deux fois.

Ce dimanche, ce sont en effet, grâce aux jeux subtils de décalage entre les calendriers julien et grégorien, les orthodoxes qui fêtent Pâques. J'ai eu le bonheur ce matin, en ouvrant mes messages, de découvrir les vœux de joyeuses Pâques d'un ami orthodoxe, avec pour les accompagner l'extrait d'une musique grecque qui lance au ciel ce message de pure joie : « Christos Anesti », « Christ est ressuscité » ou « La lumineuse résurrection du Christ ».

« Lumineuse » ? Oui, parce que porteuse de lumière et de lumières, tel que le montrent toutes ces processions qui, dans la nuit du samedi de Pâques, voient les croyants orthodoxes en nombre recevoir dans leurs églises, plongées dans l'obscurité, les cierges qui, d'un seul coup, allumés au même moment, illuminent et annihilent la nuit. Ces cierges pourront brûler jusqu'au lendemain, « dimanche de l'Amour », après que tous auront baisé l'Évangile et écouté l'homélie pascale de saint Jean Chrysostome, belle et joyeuse et, de fait, elle aussi splendidement chargée de lumière : « Que tout homme pieux et ami de Dieu jouisse de cette belle et lumineuse solennité ! Que tout serviteur fidèle entre joyeux dans la joie de son Seigneur ! Que celui qui s'est donné la peine de jeûner reçoive maintenant le denier qui lui revient !

Que celui qui a travaillé dès la première heure reçoive à présent son juste salaire ! Si quelqu'un est venu après la troisième heure, qu'il célèbre cette fête dans l'action de grâces ! Si quelqu'un a tardé jusqu'à la sixième heure, qu'il n'ait aucune hésitation, car il ne perdra rien ! S'il en est un qui a différé jusqu'à la neuvième heure, qu'il approche sans hésiter ! S'il en est un qui a traîné jusqu'à la onzième heure, qu'il n'ait pas honte de sa tiédeur, car le Maître est généreux, il reçoit le dernier aussi bien que le premier. Il admet au repos celui de la onzième heure comme l'ouvrier de la première heure. Du dernier il a pitié et il prend soin du premier. À celui-ci il donne ; à l'autre il fait grâce. Il agrée les œuvres et reçoit avec tendresse la bonne volonté. Il honore l'action et loue le bon propos. Ainsi donc, entrez tous dans la joie de votre Seigneur et, les premiers comme les seconds, vous recevrez la récompense. Riches et pauvres, mêlez-vous, abstinents et paresseux, pour célébrer ce jour. Que vous ayez jeûné ou non, réjouissez-vous aujourd'hui. La table est préparée, goûtez-en tous ; le veau gras est servi, que nul ne s'en retourne à jeun. Goûtez tous au banquet de la foi, au trésor de la bonté. Que nul ne déplore sa pauvreté, car le Royaume est apparu pour tous. Que nul ne se lamente sur ses fautes, car le pardon a jailli du tombeau. Que nul ne craigne la mort, car celle du Sauveur nous en a délivrés : il l'a fait disparaître après l'avoir subie. Il a dépouillé l'enfer, celui qui aux enfers est descendu. Il l'a rempli d'amertume pour avoir goûté de sa chair. Et cela, Isaïe l'avait prédit : l'enfer, dit-il, fut irrité lorsque sous terre il t'a rencontré ; irrité, parce que détruit ; irrité, parce que tourné en ridicule ; irrité, parce qu'enchaîné ; irrité, parce que réduit à la mort ; irrité, parce qu'anéanti. Il avait pris un corps et s'est trouvé devant un Dieu ; ayant pris de la terre, il rencontra le Ciel ; ayant pris ce qu'il voyait, il est tombé à cause de ce qu'il ne voyait pas. Ô Mort, où est ton aiguillon ? Enfer, où est ta victoire ? Le Christ est ressuscité, et toi-même es terrassé. Le Christ est ressuscité, et les démons sont tombés. Le Christ est ressuscité, et les anges sont dans la joie. Le Christ est ressuscité, et voici que règne la vie. Le Christ est ressuscité, et il n'est plus de mort au tombeau. Car le Christ est ressuscité des morts, prémices de ceux qui se sont endormis. À lui gloire et puissance dans les siècles des siècles. Amen. »

*

Quand ai-je pris conscience de ce que signifient les trois jours que Jésus a passés aux enfers avant sa résurrection ? J'avais toujours trouvé cet épisode étrange : pourquoi cette descente aux enfers ? Grâce à saint Jean Chrysostome, j'ai mieux compris l'infinie mesure d'espérance que portait ce voyage : Jésus, Rédempteur, a étendu sa miséricorde jusqu'à ce lieu réputé pour son désespoir.

Le désespoir de l'enfer, c'est l'absence à perpétuité d'amour ou d'attente d'une présence amoureuse. Et voilà que Jésus va visiter ces lieux pour apprendre aux âmes en souffrance qu'il ne les a pas oubliées, qu'il ne les a pas condamnées et que tout est encore possible dans l'attente du Jugement dernier. Que ce Jugement n'a pas encore eu lieu malgré la hâte des hommes à en précipiter l'advenue, et à multiplier les architectures, les portes, les modèles, les versions de l'enfer – n'est-il pas décliné au pluriel ? Cette descente du Christ nous apprend qu'il n'y a que les lieux qui soient éternels aux enfers, et seulement les lieux. « À chaque messe, s'éblouit le poète Christian Gabriel/le Guez Ricord, Jésus descend aux enfers, et pas en touriste comme Dante qui nous les décrit sans espérance et sans souvenir de Dieu. Si le Christ descend aux enfers, c'est en pêcheur d'hommes ; l'Amour de Dieu le Père ne peut pas me quitter, ni la Communion du Saint-Esprit, sinon je n'y serai pas vivant ; et même là-bas nul ne m'empêchera de prier ma Vierge. »

Enfin, c'est nu que Jésus est descendu aux enfers. Il a abandonné son linceul dans le tombeau. Son linceul : l'habit de sa mort. Il en est revenu drapé dans un vêtement de lumière, et c'est ainsi qu'il est apparu à Marie-Madeleine. Quel était ce tissu, sinon l'espérance ? C'est de cet habit sacré que Jésus couvre la mort pour nous cacher son horrible nudité, son insoutenable impudeur. Sans espérance, sans foi, sans lien à Dieu, voilà la mort sans le voile qui la protège du profane et la consacre, et la transfigure. La voilà qui se pavane dans l'horreur de l'impasse, et la nudité d'un avenir réduit à une unique et perpétuelle nuit d'absence.

*

Avril

Que j'aime Nicolas Poussin ! Il trempe ses pinceaux à la fois dans la philosophie et dans la spiritualité qui prévalaient dans son temps. Mais ce serait oublier que sa peinture, comme toute peinture digne de ce nom, était pensée pour être regardée et, dès lors, pour toucher l'âme, l'esprit et le cœur, sans le recours à un quelconque commentaire. Il faut donc la regarder seul et en silence, comme Poussin a peint à son époque – seul et en silence. On verra alors, dans l'invitation faite aux Eurydice et aux Vierge Marie, aux Pyrrhus et aux Moïse, sa volonté de révéler comment toutes ces figures annonçaient celle du Christ. On entendra son invitation si poétique à trouver les liens secrets entre le sacré antique et le sacré chrétien, qu'il met en pleine lumière.

Il y a chez Poussin une captation du temps dans sa façon de peindre qui semble vouloir que tout revienne et tout converge à cet instant I dans l'histoire de l'humanité : l'Incarnation du Christ et, avec elle, l'apparition de la Sainte Famille qui lui a servi d'écrin. Comme si tout préparait ce moment et que tout y ramenait, avec la puissance annoncée par Jean quand il écrit dans son Évangile que le Seigneur est plein de douceur et de justice. Poussin nous rappelle combien ce moment qu'il fixe dans son œuvre fut celui des noces du ciel et de la terre, de la rencontre de Dieu et de sa créature dans cet Enfant commun qu'il nous confie pour l'éternité ; cet Enfant qui exige de nous la même douceur et la même mansuétude que celles manifestées par la Vierge Marie dans toutes les toiles du peintre. Ainsi, le tableau *Le Christ et la Femme adultère*, qui reproduit l'épisode célèbre raconté par Jean (8, 1-11). On y voit Jésus qui refuse de juger et de condamner la coupable : « Que celui qui n'a jamais péché jette la première pierre » (8, 7). On y voit aussi, en arrière-plan, la figure de la Vierge. Sa présence abolit la faute. Quoi qu'ait pu faire cette femme contre le temple qui est son propre corps, quoi qu'elle ait pu enfreindre de la Loi symbolisée par le Temple et devant quoi Marie se tient, il y aura toujours, pacificatrice, rédemptrice, consolante, la personne aimante et maternelle de la Mère. Si nous sommes bien attentifs, comment ne pas remarquer encore que c'est cet Enfant si démuni, blotti dans les bras de sa Mère, tout en fragilité et dépendance entière à notre amour, qui est vraiment le centre radieux de cette œuvre ? Ce couple éternel de la Mère et de l'Enfant, de l'amour et de l'avenir, se dresse entre l'espace sacré du Temple et celui, profane, de la haine des hommes impatients de lapider la pécheresse. Marie tenant contre son sein l'Enfant Jésus, debout dans l'ombre et que seul notre regard peut éclairer. Vertige de la peinture de Poussin qui crée, au fur et à mesure qu'on la regarde plus attentivement, son propre commentaire et nous renvoie – entre autres grands textes – à celui des Évangiles.

Ce qui m'enchante aussi dans l'œuvre de Nicolas Poussin, c'est l'espace de plus en plus large qu'il réserve à la nature en vieillissant – la nature dans son surgissement originel –, alors que ce n'était pas dans l'esprit de son temps. L'apothéose de cette création est particulièrement manifeste dans son cycle des *Saisons* –, où il unit le temps des hommes et le temps du monde. Ainsi le printemps s'allie au paradis. Dieu lui-même, couché sur son nuage, semble s'effacer dans cette luxuriance pleine d'harmonie dont toutes les frondaisons débouchent sur des levers de soleil. J'aime infiniment contempler ce grand tableau parce qu'il m'apprend l'humilité par l'humilité même de Dieu. L'œuvre de Nicolas Poussin m'oblige à méditer sur sa propre vie, qu'il a convertie à son art, avec pour seul dessein ni la gloire ni l'argent mais la transmission de cette vérité : la conception chrétienne du monde nous interdit de penser que Dieu puisse être autre chose que l'Amour, ou de croire que seules les âmes humaines composent la création divine ; la nature et la société des hommes font partie de cette création, et ni les âmes, ni la nature, ni la société ne peuvent être arrachées à ce Tout qui nous engendre dès lors que nous nous évertuons à être les fidèles et fervents défenseurs de cette

Femme et de cet Enfant, uniques à jamais dans l'histoire de l'humanité.

*

Je pensais que les pertes que mon cœur avait subies, les deuils et les affronter, m'avaient mithridatisée contre les peines d'amour. Je n'avais pas encore éprouvé la dévastation d'une trahison. Qu'un ami, ou une amie dans le commerce de qui je m'étais engouffrée, assurée que l'un comme l'autre me seraient à jamais fidèles, que j'étais à jamais leur comprise, puissent en me désertant me blesser à ce point, je ne m'en méfiais pas. Je ne l'imaginais même pas. Ils ont tourné les talons et je n'ai plus été leur préférée, l'élue, l'écho de leur confiance comme ils étaient l'écho de la mienne. Mais quelle douleur affreuse d'un seul coup ! Une douleur ombilicale. La tête reste froide quand le chagrin dévore l'intérieur du corps. Je ne connaissais pas cette horreur d'être répudiée par l'amour même qui m'avait portée et m'avait constituée jusque-là. Et la tête calme, j'ai assisté au refus de mon corps de vouloir lui survivre. Cet abandon me dédoublait. Je ne voulais pas trébucher, je haïssais mon corps de faire défaut à ma volonté. Il refusait de dormir, et de s'alimenter de ce que je lui faisais ingérer de force. C'est une curieuse folie alors qui s'empare de soi et qu'on appelle la *mélancolie*. Le monde se décolore et bientôt, il n'est plus qu'en noir et blanc – si peu de blanc d'ailleurs. La nourriture est caoutchouteuse, sans goût, et la bouche sans eau. Moi qui envisageais toujours toutes les vies qu'il me fallait encore vivre, je m'accablais de la mienne. Pourquoi, quand, comment avais-je perdu l'amour de mes amis ? Quel rire, quelle joie, quelle douceur n'avais-je plus su leur donner pour que je ne leur sois plus nécessaire comme ils l'étaient pour moi, pour que je ne leur sois plus *vitale* ? J'avais le sentiment d'être cambriolée. On m'avait tout pris et tout ce qui me restait – pourtant l'essentiel, ma famille, mes enfants, mon jardin, d'autres amis – était impuissant à combler le vide, à meubler l'angoisse de la perte et l'errance dans ce désert. Et j'en éprouvais une honte atroce.

Je regardais depuis la rive où m'avait jetée ma mélancolie le navire où, malgré les tempêtes du fleuve, l'orchestre continue de jouer, les gens de boire et le bal d'entraîner les cœurs en attente d'amour. Le sort m'avait chassée de cette société insouciante, fluide dans la vie, légère quand chaque pas exigeait de moi un effort d'alpiniste. Quel secours attendre ? La conscience malheureuse trouve-t-elle d'ailleurs encore un espace où s'exprimer, dans la course générale au bien-être, à quoi hier encore je participais moi aussi ?

Pourquoi cette faiblesse soudaine : pourquoi ma foi ne m'offrait-elle plus aucun barrage contre l'acédie ? Avais-je perdu depuis trop longtemps son mode d'emploi ? « Nous sommes tous les loups, dans la forêt profonde de l'éternité », avouait Marina Tsvetaïeva. Était-ce une leçon d'humilité qui m'était infligée, pour m'apprendre que la souffrance pouvait être plus violente que la perte, et que l'abandon aspire ses naufragés au fond des abysses comme le bateau qui fait naufrage ?

Quelle religion pouvait me soigner cette blessure intime ? Quel amour plus grand que celui qu'exacerbait la perte de son objet ? « L'amour n'est pas une consolation, il est lumière », affirmait Simone Weil, et elle avait raison, implacablement raison : la lumière n'est pas la consolation de la nuit.

Que proposer à ma souffrance ? Je ne voulais pas croire qu'il n'y eût pas de place dans ma foi pour une Providence qui soulagerait ma douleur, ni que je ne puisse plus entrer dans une communion avec quiconque, qui guérirait mon mal d'être. Je n'ai pu que prier, prier malgré tout, selon la magnifique demande énoncée par l'amie de Thérèse d'Avila à son chevet, alors que la Madre agonisait – et j'ai saisi tout soudain l'étendue de la grâce qui me serait faite d'être exaucée : obtenir de n'aimer plus rien, ni personne, qu'en Dieu.

*

Mai

Pentecôte est une fête sublime. Liée à la fête juive de Chavouot qui célébrait les moissons puis l'Alliance entre Dieu et Moïse, elle est la fête de l'Esprit. L'Esprit nous relie à tous nos prochains, d'hier, d'aujourd'hui et de demain. D'ici et d'ailleurs. Des cultures juive, bouddhiste, chrétienne ou musulmane, et de toutes les autres encore. « Au commencement était le Verbe », le *logos* en grec, qui a également été traduit par « raison », et qui veut dire Dieu.

Cet Esprit a été adressé aux disciples de Jésus sous la forme de langues de feu. Il leur a permis, à eux qui ne parlaient que l'araméen, de parler toutes les langues pour se faire entendre, de façon que la Bonne Nouvelle soit perceptible par tous les cœurs et dès lors devienne universelle. Au commencement, l'Esprit saint fut pour tous la possibilité de parler le grec et le latin, les deux langues les plus universellement pratiquées au Ier siècle de notre ère. Le grec et le latin sont les langues grand-maternelles de notre beau français (et de toutes les langues latines), mais encore celles de la philosophie, de la théologie, et des Écritures. Elles sont les langues de la pensée, de la mémoire.

Les langues dites « mortes », c'est ce qui nous tient vivants – parce que c'est ce qui nous enrichit, comme la parole des grands-parents transmet souvent davantage aux enfants que celle de leurs parents. Nos langues fondatrices, c'est ce qui nous oblige, par ce qu'elles transmettent et ce qu'elles portent, à nous souvenir de notre nature d'*homme*, et de notre obligation ontologique à respecter et à protéger la vie par le respect de la mémoire, sous toutes ses formes. Et surtout la vie la plus faible, la plus fragile, *la moins rentable* – la plus analphabète. Le poète russe Ossip Mandelstam, mort au goulag, écrivait d'ailleurs que « les forces vives de la culture grecque ont versé, dans le sein de la langue russe, le secret de la liberté d'incarnation et c'est pourquoi le russe est devenu précisément chair sonore et parlante ».

S'il y avait une réforme à faire dans un esprit de *libération universelle* des chaînes, des peurs, des superstitions, des tyrannies et de tous les totalitarismes, elle commencerait justement par l'enseignement pour tous du grec, du latin, de l'art et de la musique classiques, et ce dès le plus jeune âge. Ils sont les meilleurs outils, les outils fondamentaux pour *penser et se choisir*, et dès lors pour se rassembler et s'unir. Les outils fondamentaux pour apprendre à partager Dieu, car si nous sommes incapables de partager Dieu, alors que pouvons-nous bien partager d'autre ?

*

Rien n'est plus délicieux que de voyager au long cours des pensées d'autrui, dès lors que leurs auteurs ont eu l'élégance de les noter de-ci de-là, dans leurs carnets ou leurs journaux intimes, dans des cahiers ou sur des feuillets épars. Ces bribes de phrases, qui semblent décousues, tissent pourtant le canevas d'une réflexion d'où, presque immanquablement, une étincelle finit par surgir. C'est qu'en général ces propos n'ont pas vocation à être un jour publiés. Aussi l'esprit se laisse saisir par un Esprit plus large, celui qui inspire, celui qui travaille en sourdine nos consciences, et donne l'échelle de ce qui nous amuse ou nous tourmente, de ce qui nous étonne ou nous indigne.

Ainsi, ces mots de Baudelaire sur la prière : « Il y a dans la prière une opération magique. La prière est une des grandes forces de la dynamique intellectuelle. Il y a là comme une récurrence électrique. »

Mais il y a encore tout ce que j'ai pu relever dans les carnets du délicieux Joseph Joubert, ami de Chateaubriand – qui fit publier ses aphorismes après sa mort – et secrétaire de Diderot. Joseph Joubert parlait avec générosité de ses amis, ainsi de la comtesse de Sérilly : « Elle a eu le plus beau des courages, le courage d'être heureuse. » Et avec délicatesse de ses ennemis, quand il en avait, et il en avait peu. Ces notes étaient une forme de confession que sa pudeur empêchait d'être rendue publique. Elle leur donne l'accent de vérité d'un Jugement dernier, que Joubert appelait sur lui, par humour, tendresse et par une certaine forme de liberté.

Je garde contre moi quelques-unes de ses pépites, qui sont celles d'un homme d'esprit, un « gentilhomme » comme on le disait en ce temps-là, où être gentil était une vertu et une qualité, celle des âmes bien nées en Dieu – ce temps où on ne confondait pas l'intelligence avec la méchanceté, comme on le fait trop souvent aujourd'hui, où l'on nous assure que la seconde est la preuve manifeste de la première quand elle n'en est que le déni.

Voici un petit florilège de ses *Carnets* :

« La vérité et le bonheur. Nous sommes nés pour les chercher toujours, mais pour ne les trouver qu'en Dieu. Les plaisirs et les vraisemblances nous en tiennent lieu ici-bas. Je parle ainsi des plaisirs et des vraisemblances qui donnent l'esprit à nos sens, à notre esprit et à nos cœurs. »

« C'est que pour penser à Dieu nous n'avons pas besoin de notre cervelle. »

« Les plantes ont de la joie. »

« Si pendant le sommeil Dieu parle à l'âme, c'est ce que nous ne savons pas. »

« L'âge. L'esprit ne s'éteint pas ; mais il faut nourrir ce feu d'un autre bois. »

« Être meilleurs ou pires dépend de nous. Tout le reste dépend de Dieu ! comme la gloire, la vieillesse, et tous les genres de succès. »

« Gloire, plus belle à désirer qu'à posséder. »

« La religion : elle est pour l'un sa littérature et sa science ; elle est pour l'autre ses délices et son devoir. »

« Le bon sens s'accommode au monde ; la sagesse tâche d'être conforme au Ciel. »

« Tout ce qui se montre à découvert ne remue que les sens. »

« Pour être heureux, il ne faut que l'Âme et Dieu. »

« Enseigner, c'est apprendre deux fois. »

« La musique des chants de deuil semble laisser mourir les sons. »

« C'est ici le désert. Dans ce silence tout me parle. Et dans votre bruit, tout se tait. »

« Ce n'est pas de l'intelligence de Dieu que nous devons nous occuper, mais de sa volonté. Il nous importe peu de penser à sa prescience, mais il nous importe beaucoup de penser à sa justice, à sa bonté, à sa puissance, à ses décrets. »

Et encore, le 6 décembre 1811 – déjà :

« Ce siècle est travaillé de la plus terrible des maladies de l'esprit : le dégoût des religions. »

*

« Trop occupé pour t'occuper de ta vie ? » m'a demandé, depuis son IVe siècle, Jean Chrysostome. Je suis tombée sur cette interjection, au moment où justement je repoussais mille choses essentielles au profit de futilités que j'estimais prioritaires. Je me sentais extrêmement « occupée », mais par quoi ? J'ai passé en revue ce que je jugeais si essentiel, si urgent, pour conclure que rien de tout cela ne m'aidait vraiment à vivre, ni ne me rendait plus heureuse. Et pourtant, j'encombrais ma vie de ces choses à faire, comme on encombre sa maison de meubles et de bibelots inutiles, simplement par peur du vide. Et j'ai songé à ce que le langage nous dit aussi de ce côté corrosif du mot « occupé ». N'a-t-on pas appelé « occupation » la présence de l'ennemi, sous couvert de paix et d'armistice ? « Être occupé » est, dans ces deux acceptions, liberticide. Et force m'était de reconnaître combien cette course au rien et ces distractions m'interdisaient de rester avec moi-même, de réfléchir en vérité à ce qui compte et ce qui me nourrit, avec à l'esprit cette pensée de Montaigne : « C'est une perfection absolue et pour ainsi dire divine que de savoir jouir loyalement de son être. »

Alors pourquoi ne pas imaginer un jeûne spirituel ? Non pas faire la liste de ses envies, mais faire la liste de ses fausses envies, que le monde marchand nous dicte pour nous empêcher de vivre notre temps dans ce qu'il a d'essentiel, dans ce à quoi nous oblige notre épiphanie dans ce monde pour le peu qui nous est imparti. Pour y parvenir, n'y a-t-il pas de meilleure méditation que cet aphorisme de saint Jean Chrysostome lui-même : « La plus grande gloire, c'est d'être aimé de Dieu » et se demander, pourrait-on ajouter, si répondre à cet amour n'est pas justement la meilleure façon de s'occuper de sa propre vie ?

*

László Földényi est un écrivain hongrois qui s'est interrogé sur l'horreur dont a témoigné Dostoïevski dans son œuvre. Dans un essai, il a imaginé ce qui, dans la vie du grand romancier russe, avait pu susciter ce sentiment. L'essai s'intitule *Dostoïevski lit Hegel en Sibérie et fond en larmes.*

Dans ce court texte explicitement titré, Földényi imagine qu'au moment où il est déporté au bagne sibérien d'Omsk pour raison politique, où il passera quatre années de sa jeunesse et dont il tirera les *Souvenirs de la maison des morts,* Dostoïevski lit un livre de Hegel. Il découvre alors que dans ce livre, *Leçons sur la philosophie de l'histoire,* de l'autre côté de la Russie, en Europe, le philosophe propose d'écarter de son champ d'analyse l'existence même de la Sibérie parce que, selon lui, « la morphologie du pays n'est pas propice à une culture historique ou à devenir un acteur particulier de l'histoire ». C'est un choc atroce pour Dostoïevski. Comment ! Ils sont des milliers autour de lui, dans les camps de Sibérie, à agoniser, dépouillés de toute dignité, victimes pour la plupart de l'arbitraire, niés dans leur essence d'homme, contraints de commettre le pire pour survivre, et un *philosophe* les enterre vivants, en excluant leurs histoires particulières de la grande histoire, parce que ce philosophe estime que leur souffrance est insignifiante ! Alors Dostoïevski, imagine Földényi, se met à pleurer. Dostoïevski fond en larmes. Son horreur est totale.

On épouse pleinement ce sentiment d'horreur : que valent la pensée, le progrès, et même toute spéculation intellectuelle, si un philosophe arrive à penser, comme le fit Hegel, que la souffrance d'un homme est quantité négligeable au regard de la marche de l'histoire ? Y a-t-il un *progrès* possible, une civilisation digne de ce nom, un monde qui ne soit pas *infernal* si tous les efforts, toutes les spéculations philosophiques, tous les modèles ne se focalisent pas vers le seul but de sauver le plus faible, le plus banni, le plus marginal, le plus périphérique de tous les hommes, fût-il le seul à souffrir, fût-il un bagnard ? Quel progrès pourrait être accepté par nos consciences s'il présuppose l'abandon des déportés en Sibérie, dans toutes nos Sibérie contemporaines – et il faudrait des pages pour les répertorier ? S'il estime qu'une vie humaine, qu'une souffrance d'homme est quantité négligeable au regard de la masse et de son bonheur aveugle ?

Ce que Földényi veut mettre en évidence dans cette histoire imaginaire, où il oppose l'écrivain mystique russe et l'inventeur du matérialisme dialectique allemand, c'est la transcendance nécessaire à toute projection politique et sociale. La barbarie n'est jamais loin si l'on oublie, dans notre traversée du monde et de l'histoire, un seul homme sur la grève, et de le sauver de ses souffrances. Parce que le plus petit, aux yeux de Dieu, « le plus petit parmi [nous] tous, c'est celui-là justement qui est grand » (Matthieu 11, 11).

Le plus petit, aux yeux de Jésus, c'est aussi celui qui, sauvé, donnera les plus beaux fruits. Ce fut le cas de Dostoïevski à qui la femme d'un condamné avait offert une bible qui ne le quitta plus jamais parce que, en Sibérie, ce Livre fut son seul secours contre le désespoir. C'est ce que nous répète l'Évangile qui évoque la toute petite graine de moutarde, la plus méprisée des semences. Mais lorsqu'elle grandit, cette graine dépasse toutes les plantes potagères, « et elle étend de longues branches, si bien que les oiseaux du ciel peuvent faire leur nid à son ombre » (Marc 4, 32).

Il est là, le Royaume de Dieu, dans l'ombre du paria, du déporté en Sibérie, du maillon le plus faible de la grande famille humaine, le plus petit par sa misère, dès lors que ceux qui pensent, projettent et décrètent renoncent à leurs idées, à leurs projets et à leurs lois pour le sauver et font en sorte que plus jamais les causes de sa souffrance ne se reproduisent. Dès lors que les intellectuels et les idéologues, les politiques et les économistes renoncent à penser que l'existence du goulag n'a pas d'importance, parce qu'il ne serait qu'une espèce de dépotoir de malheurs insignifiants, et en aucun cas, comme l'estimait Hegel, un « acteur particulier de l'histoire ».

*

Juin

On vit personnellement les cataclysmes du monde quand ils touchent des gens ou des lieux qu'on a connus. C'est peut-être à ces moments-là, dans la déchirure entre l'image qu'on en garde et celles qui déferlent dans les actualités, qu'on mesure les ravages de la guerre. Ce qui fut doux dans la rencontre que le voyage proposait devient hideux et source de peurs et de refus. Ainsi, je m'oblige à réveiller en moi les échos de mon séjour en Syrie lorsque les armes, les morts, les exécutions, les visages haineux, les villes en éboulis de pierre, la terreur des femmes et des enfants, le meurtre continuel des innocents affluent sur mes écrans et dévastent ma conscience.

Comment est-ce possible ? Ce que filment les derniers journalistes ou que donnent à voir les meurtriers dans l'obscénité de leurs exhibitions mortifères, est-ce bien né dans ce pays que j'ai sillonné de long en large et de ville en cité ? Ce pays longtemps fermé, longtemps mystérieux ? Ce pays dont je n'oublierai jamais la beauté renouvelée de site en site, ni l'extrême sourire de sa population, ni son hospitalité et son plaisir à recevoir l'étranger et à lui parler, ni sa générosité lorsqu'il s'agissait de vous venir en aide – qu'en voiture vous ayez crevé sur le bord d'une petite route ou que vous soyez égaré, incapable de choisir votre chemin entre deux panneaux exclusivement rédigés en calligraphie arabe.

Il me revient, dans le désordre, le souvenir de Tymour qui était monté dans notre véhicule pour nous guider jusqu'à notre destination, deux cents kilomètres de villages et de carrefours compliqués plus loin. Parvenus à bon port, nous avions été invités à prendre un thé et des gâteaux chez ses cousins, où il passerait la nuit avant de revenir chez lui. Je me souviens du jeune vendeur d'une boutique de drap, dans l'énorme et somptueux souk d'Alep, qui m'avait confié une nappe bien évidemment damassée pour que je l'offre à Vanessa Paradis, dont il était amoureux, persuadé que je n'avais qu'à sonner à sa porte pour qu'elle m'ouvre. Je me souviens d'Abdenour, le guide qui m'avait accompagnée d'un site à l'autre, joyeux, disert, si fier du patrimoine de la Syrie et qui me parlait de l'entraînement de ses onze frères – les filles, il ne les comptait pas parce qu'elles ne pouvaient pas entrer dans la constitution de son équipe de football familiale. Je me souviens des enfants de Hama, plongés dans l'Oronte qu'animaient les grandes roues des norias. Je me souviens de ce propriétaire d'un estaminet à Bosra, assis à la terrasse, au soleil, et qui tirait philosophiquement sur son narguilé comme la sagace chenille d'*Alice au pays des merveilles* sur son champignon. Il contemplait les ors du couchant sur le théâtre romain intact. Et comme je ne comprenais pas l'arabe, il avait posé sur un vieux tourne-disque le microsillon du *Concerto d'Aranjuez* pour me faire comprendre son émotion devant tant de splendeurs. Où sont-ils ? Que sont-ils devenus ?

Et parmi tous ceux-là, je pense tout spécialement à Abderrazaq Zaqzouq, directeur du Service des antiquités de Hama, qui avait à cœur, et à charge, la restauration et la conservation du site d'Apamée. Lorsque je pense à lui, aux dîners qui se prolongeaient tard le soir, où il évoquait la restauration des splendides colonnes torsadées du cardo qui l'emplissait d'une joie contagieuse, je prie pour qu'il n'ait pas subi le sort de Khaled Asaad, le directeur du site archéologique gréco-romain de Palmyre, décapité et pendu par les pieds par Daesh. À sa façon, Abderrazaq Zaqzouq est pour cette cité construite par l'un des compagnons d'Alexandre le Grand en 333 avant J.-C. ce que fut Khaled Asaad pour Palmyre : son protecteur et son sauveur. Avec d'autres, dont l'ingénieur Osmane Aïdi, il n'a cessé d'œuvrer pour maintenir la Syrie, leur pays, dans le soleil de son histoire.

C'est qu'en Syrie, la civilisation gréco-romaine a donné quelques-uns de ses plus beaux reliefs : les temples et les colonnes de Palmyre, et la cité d'Apamée qu'à l'issue de la bataille d'Issos Alexandre offrit à son fidèle lieutenant, Séleucos

Nicator. Apamée ! Qu'en reste-t-il aujourd'hui ? On la dit pillée, à moitié détruite. Ne subsiste-t-il vraiment, de cette cité grecque, que ce qu'en a gardé ma mémoire ?

Je ferme les yeux, et me revoilà sur le plateau désert, laminé par le vent. Je revois la syntaxe parfaite qui ordonnait le chaos formidable autour d'elle : ce cardo d'Apamée unique sous le soleil, la plus belle avenue du monde. Ses colonnes se dressaient, et j'avais sous les yeux l'épine dorsale d'une ville oubliée, vieille de deux mille trois cent cinquante ans, dont les os de pierre, disséminés sur des hectares, blanchissaient au soleil. Je pense à tous ces hommes qui l'ont aimée et qui se sont battus pour elle. Longtemps Apamée n'avait plus été que sa propre nécropole, un fossile de l'Antiquité, un grand cimetière d'éléphants dont un paléontologue fou allait décider, coûte que coûte, de reconstituer le squelette, tirant de ses gravats ce sublime boulevard de deux kilomètres, axe nord-sud d'une ville en damier de cinq cent mille âmes. Je songe aux travaux herculéens qu'il aura fallu pour exhumer la cité après huit siècles d'abandon et de sédimentations (en 1157, un séisme avait totalement rasé la ville). Une œuvre qui défiait le temps et la raison.

Il suffisait de parcourir l'avenue, de la porte

d'Antioche au nord à celle du sud, d'arpenter les hectares où surgissaient ici une ronde de colonnes, là l'angle d'un chapiteau, d'enjamber les tronçons brisés pour être pris d'un étrange vertige. L'ordre rigoureux de la colonnade narguait le désordre monstrueux des éboulements antiques, comme pour nous dire que la passion amoureuse d'un homme aurait toujours raison de la destruction.

Je me rappelle avec tristesse l'hallucinant travail de fourmi qu'avait dû entreprendre Abderrazaq Zaqzouq pour ressusciter quelque chose de ce monde antique, qui disait à ceux qui avaient le privilège de le contempler l'harmonie, le fruit d'un monde où l'Être n'était pas encore dissocié du Beau, ni du Vrai, ni du Juste.

« Savez-vous qu'un aqueduc de cent vingt kilomètres de long approvisionnait les citernes d'Apamée ? Qu'à l'époque de Séleucos Ier Nicator, cinq cents éléphants aidaient aux travaux, qu'un haras entretenait trente mille juments et trois cents étalons ? Il me faudrait cent vies pour achever ne serait-ce que la colonnade… » Il s'était tu. Une modeste grue élevait dans le ciel le fronton d'une boutique. Alors, nul canon, nul tir de mitraillette, nulle haine ni crimes fratricides ne venaient troubler son travail. À cette heure frileuse du matin, dans le grand mutisme du désert tout proche, nul tank, mais quelques fantômes illustres : Cléopâtre et Antoine, de retour d'un voyage sur l'Euphrate, Septime Sévère ou Caracalla, passagers prestigieux de l'histoire. J'espère qu'ils ont fait une belle escorte à Abderrazaq Zaqzouq, à ses émules et à ses enfants, et à tous les ouvriers et travailleurs qui l'aidaient dans sa grande œuvre, s'ils n'ont pu se mettre à l'abri à temps.

*

Juillet

Je reviens de Sienne, où j'étais invitée à un colloque. Sienne, la ville de Catherine, la petite fille inspirée devenue la sainte immense. Cette cité a tant de beautés qu'on se demande comment une jeune fille a pu se tourner vers le ciel plutôt que de s'alanguir dans la sensualité des lieux – la place du Campo comme un arum pétrifié, les rues aux courbes féminines, le rose aux façades, les vals profonds que pénètrent la sève de la campagne et tous ses parfums, le foin coupé et le jasmin, la pinède et les lumières d'abeille. Mais c'est le ciel et le Christ qu'elle a préférés, dès sa tendre enfance, et le ciel et le Christ qu'elle a épousés, malgré l'opposition farouche de ses parents.

Je me suis promenée dans la cité toscane pour trouver sa trace, depuis sa maison natale jusqu'aux grandes salles de l'ancien hôpital de Santa Maria della Scala où elle soignait et embrassait les pestiférés. J'ai alors saisi ce qui avait épanoui l'âme de Catherine et l'avait tournée vers Dieu avec la force inexorable du soleil sur le tournesol. Cette force ne pouvait être que le puissant sentiment de la beauté divine pour laquelle tous les Siennois ont rendu grâces. Il suffit de pousser la porte de la cathédrale Santa Maria Assunta (Notre-Dame-de-l'Assomption), juste en face de l'hospice, pour tout comprendre. Déjà, sur le parvis, ce bibelot de marbre ciselé, ravissant, a tout d'une châsse où reposerait non pas une relique, mais la palpitante beauté elle-même, toute son essence, que ces Toscans du XIIe siècle dédièrent à la Reine des reines, la Vierge Marie. L'écrivain André Suarès, dans le *Voyage du condottière* qui raconte son tour d'Italie, dit que parmi les trois plus belles cathédrales au monde, il met Saint-Marc à Venise et Santa Maria Assunta à Sienne – et laisse à notre préférence le choix d'inscrire le nom de la troisième. Comme il a raison !

Les Siennois ont mis deux siècles pour édifier

cette cathédrale qu'ils voulaient la plus belle qui soit. D'emblée, à peine entré, on reçoit le choc de cette beauté, douce dehors, raffinée, délicate, et puissante à l'intérieur, tout en jaillissement de colonnes que rythme l'alternance des marbres noirs et blancs, des statues de bronze et des auréoles d'or. Colonnes fuselées et solitaires et colonnes en danse de trois, rondes des colonnes au cœur et, au sol, en marqueterie de marbre, des tableaux posés comme une lumière de vitraux. Les plus grands artistes y ont invité les héros de l'Antiquité et les prophètes de l'Ancien Testament, les figures des Évangiles et les saints de l'Église. Ah ! mais quelle splendeur ! Et quelle communion chez ceux qui les contemplent aujourd'hui, et qui n'est qu'un pâle reflet de l'extase qu'il fallut aux constructeurs d'il y a neuf siècles pour orchestrer ce chef-d'œuvre.

En sortant de la cathédrale, étourdie par la puissance de cette déclaration d'amour à Dieu, sur le parvis en pente douce, j'ai cru voir, juste en face, juste en contrebas, la frêle silhouette de Catherine se fondre dans l'ombre de l'hospice à la façade de briques sanguines – l'hospice, cette cathédrale de Charité et de Miséricorde où Catherine, et tant d'autres avant elle, tant d'autres après elle, risquait sa vie pour ne pas laisser les mourants seuls dans l'épreuve de leur propre mort. Son fantôme courait-il soigner les pestiférés, réconcilier les condamnés, réconforter les humiliés, pleurer tous ceux que son siècle terrible avait fauchés ? Et je me suis demandé pourquoi, alors qu'on nous rebat les oreilles avec les horreurs de l'Inquisition – inexcusables, impardonnables et tellement hérétiques à la lettre et l'esprit des Évangiles –, on n'évoque jamais, *aussi*, l'abondance des trésors que nous devons au christianisme : les hospices et les cathédrales, l'œuvre des saints et les orphelinats, la peinture de Giotto et les premières écoles, la musique de Jean-Sébastien Bach et une justice miséricordieuse ? Et toutes ces hymnes à Dieu et à la splendeur de sa création que sont les œuvres d'art et bien d'autres merveilles encore, au cœur desquelles continue de battre le cœur de Catherine…

*

« Le pèlerinage est une science subtile de l'égarement », écrit André Dhôtel dans *Rhétorique fabuleuse*. En ces jours où la majorité des Français prend la route, selon les vieilles transhumances des grandes vacances, quelque peu sourde et aveugle à ce qui se passe dans le monde, il y a matière à réfléchir pendant des heures sur ces mots.

Nous nous déplaçons encore selon un calendrier scolaire vieux de plusieurs générations, comme un troupeau placide qui suivrait une loi antique, quelque chose en rapport avec l'instinct, et peut-être aujourd'hui, en ces temps où de moins en moins de gens peuvent partir, en ces heures pourtant du voyage pour tous – charters rapides, vite fait bien fait –, nos grandes vacances et leurs grands départs ont-ils quelque chose du pèlerinage. Du pèlerinage, il y a le même souffle, le même sentiment de l'oubli du quotidien pour un ailleurs de respiration et de repos de l'âme et du corps. Cette sorte de communion qui emporte les vacanciers dans le même sentiment d'aboutissement et de plaisir.

Dans les lieux de vacances, comme sur les chemins de pèlerinage, les idées circulent plus qu'elles ne se heurtent. On retrouve une sorte de liberté spirituelle, bien singulière par ailleurs – mais dans les retrouvailles avec son enfance, la nature, le farniente, qui éprouverait le désir d'en découdre ? En vacances, on a le temps de se rappeler quelques vérités essentielles, non parce qu'on réfléchit, mais parce qu'elles s'imposent à nous : ainsi, le fait que les idées ne sont pas faites pour lutter, mais pour réfléchir…

En vacances, comme en pèlerinage, pour peu

qu'on parte comme autrefois, à petits pas, par la route, vers les rivages, les étrangers qu'on rencontre sont des amis potentiels. On ressent pour eux une sorte d'exaltation, un rêve d'harmonie pacifique – quand on supporte à peine ses voisins de palier, si tant est qu'on les connaisse vraiment. Il y a une sorte de dévouement pour les vacanciers, de la part des vacanciers – et le cinéma ne s'est pas privé de le souligner dans les films qu'il a consacrés à ces villes éphémères de tentes et de caravanes que sont les campings.

En vacances, comme en pèlerinage, l'âme et le cœur s'égarent. Non qu'ils perdent leurs chemins et alors leur raison, mais ils se soumettent à une rupture des liens et des chaînes, pour mieux voir et mieux entendre. Ils prennent leur congé avec le quotidien. Alors, la distance entre la lumière du dehors et l'âme et le cœur n'a plus rien d'infranchissable.

Évidemment, ce léger égarement des congés, ce profond égarement des pèlerinages trouvent toujours leur dissipation dans les loisirs qu'offrent ces moments, et dans les distractions. Mais pour peu qu'on tienne à cette fluidité des souffles, pour peu qu'on reste ouvert à l'altérité, à cet ailleurs vers quoi nous nous portons, alors les choses reprennent leur relief, la parole sa force, le sourire son fondant. Nous nous prenons même à rêver d'authentiques pèlerinages, sur ces chemins qui ne connaissent de la mondialisation que l'échange et le partage, et de la communion que la foi.

Pèlerinage et vacances : il y a une force du dehors à quoi, en ces moments, nous acceptons de nous livrer. Pourquoi ne pas lui laisser ma porte ouverte toute l'année ? En profiter pour lire quelques textes essentiels, écouter quelques musiques qui transportent dans des trames inconnues du bonheur, dans une substance vertueuse et poétique ? Comme le dit André Dhôtel : « Repérer alentour certaines traces du rêve qui est ailleurs en pleine vérité, afin de préparer nos regards à l'accueillir un jour. »

*

Août

La vallée où se tient ma maison suit la Voie lactée. Je me couche dans l'herbe, après avoir éteint toutes les lumières. J'attends que la nuit accapare tout le paysage, puis je laisse le ciel me happer. Jamais comme en été on ne peut aussi bien admirer l'univers qui s'ouvre alors à soi. On peut commencer un voyage en Dieu, dans sa dimension prodigieuse, faite de vertiges et d'étincellements, d'infinis et d'abîmes de hauteurs. Jamais Dieu n'est plus proche que dans cette impossibilité à l'appréhender, dans ce douloureux exercice intellectuel qui est de tenter de comprendre l'univers, sa dilatation, son accélération, et alors la vie, la mort.

Allongée sur le dos, je suis la trajectoire phosphorescente de la Voie lactée qui tombe sur les Pyrénées dans un halo de givre. Autour d'elle, Vénus, Cassiopée, la Grande Ourse. Petit à petit, je sens que quelque chose prend mon cœur – l'admiration, l'effroi, l'attente. L'indicible de Dieu est dans ce bruissement d'étoiles et de planètes.

D'un été à l'autre, je tente de me remémorer les grandes découvertes que la prospection de l'univers a apportées, avec le voyage des robots et les observations de la Nasa. Entre l'année dernière et cette année, on a ajouté à mon ciel Kepler-452b, une exoplanète à mille quatre cents années-lumière de nous, quelque part dans la constellation du Cygne. Kepler-452b nous ressemble, paraît-il. Ou du moins c'est la planète la plus similaire à la Terre jamais observée. Toutes proportions gardées. À ceux qui s'imaginent déjà planter leur tente quelque part dans ses vertes prairies encore vierges, il convient de préciser que la température y est supérieure à mille degrés, et que les vents y soufflent à trente mille kilomètres-heure. Ceux qui voudraient aller vérifier par eux-mêmes devront abandonner tout espoir. Pour se rendre sur Kepler-452b, il faudrait mille quatre cents ans à condition de se déplacer à la vitesse de la lumière (trois cent mille kilomètres-seconde) ce qui, selon Einstein et sa théorie de la relativité, est rigoureusement impossible. Ceux que cette nouvelle rendrait malheureux trouveront un réconfort dans une théorie avancée par des astrophysiciens : grâce aux trous de ver, ces vortex spatio-temporels qui vous propulseraient dans d'autres galaxies plus vite que la lumière elle-même, on pourrait peut-être tenter de partir à la recherche du nouvel Éden. Car enfin c'est bien l'objet de ces recherches que d'imaginer un avenir pour nous, les hommes, ailleurs que sur notre belle planète bleue…

Mais existe-t-elle, cette planète jumelle où tout – notre histoire à tous, nous autres, frères humains – pourrait se rejouer ? Les optimistes l'assurent – mais on ne pourra pas l'atteindre. Les pessimistes, de plus en plus nombreux, en doutent. Moi, couchée dans la renverse du ciel, je me dis que la Genèse de la Bible, écrite huit siècles avant Jésus-Christ, et qui raconte comment Adam et Ève furent chassés du Jardin, à l'est d'Éden, était incroyablement prophétique. Même si la Genèse n'avait pas prévu l'impensable : que nous saccagerions le Jardin, cet unique paradis tangible où nous nous levons chaque matin, dans toute la gloire de sa beauté.

Sous le ciel d'été, je me dis que pour comprendre notre monde, notre vie, pour nous comprendre nous-mêmes, il faudrait sans cesse se reporter à la Genèse. Que toute époque devrait réécrire sa genèse. La nôtre surtout, sans doute celle qui est la plus séparée de Dieu, et celle qui a le plus urgent besoin de lui. Mais alors, il faudrait que tous la réécrivent ensemble, le nez dans les étoiles, avec pour seule échelle ce chiffre impérieux dans sa démesure : mille quatre cents années-lumière pour parvenir à Kepler-452b, qui n'a rien à nous offrir que les conditions de l'enfer. Au moins ce chiffre a-t-il une vertu : il rend les guerres, les meurtres, les ivresses de pouvoir dérisoires, à l'horizon d'une vie d'homme qui est moins, quand on regarde les étoiles, qu'une poussière de temps.

*

J'ai été malade au point de devoir m'aliter pendant une quinzaine de jours. Une bronchite qui s'est aggravée, mais j'ai été très entourée. Il est délicieux, dans les moments de solitude qu'impose la maladie, de se dire qu'on n'est pas seul justement et que des amis pensent à nous avec compassion. Ainsi la maladie, évidemment lorsqu'elle n'est pas mortelle, peut même offrir quelques avantages : se réjouir de la présence de ses amis, et offrir une méditation sur la parenthèse qu'elle nous oblige à ouvrir dans notre vie habituelle. « Il se peut que les maladies [...] soient des fêtes profondes, mystérieuses et incomprises de la chair », a écrit Maurice Maeterlinck et c'est cette phrase, certainement provocatrice au premier abord, qui m'est venue à l'esprit alors que j'étais au fond de mon lit. Mais quelles seraient ces fêtes dont je pressentais la justesse ? Dans cet état où le sort nous tient en suspens, qu'est-ce que la chair trouverait à célébrer par la fièvre, la toux, la faiblesse ?

L'abandon et l'humilité sans doute. L'abandon de la volonté aux raisons du corps et à sa nécessaire santé pour que l'esprit reste délié, pour qu'il se croie libre et éternel, jusqu'à défier le temps dans les distractions dans quoi il s'étourdit. Ces « fêtes profondes, mystérieuses et incomprises » pourraient être des sortes de bacchanales où tous les dérèglements sont permis pour purger l'esprit de ses idées d'éternité, et nous obliger à rappeler au cœur de notre vie la possibilité même de la mort. Elles seraient des saturnales qui auraient pu inspirer à Henri Michaux ce bouleversant constat : « Tu t'en vas sans moi, ma vie. [...] / Tu portes ailleurs la bataille », et dont on sortirait plus éthéré, rénové comme le lézard après sa mue, et capable de se redire, à la suite de Cyrano : « Mourir n'est rien, c'est achever de naître ! »

Dès lors, la fièvre, la toux, le malaise, la nausée, la douleur seraient la liturgie d'un sabbat impérieux où les ordres s'inversent, où le corps commande, par sa faiblesse même, par la présence douloureuse qu'il lui impose, à l'esprit. Au sortir de ces crises, où la volonté joue si peu, comment oublier la fragilité de la chair et la situation d'absolue dépendance de l'esprit et du corps ? La maladie est un pèlerinage à l'intérieur de soi, chair et âme. D'ailleurs beaucoup ont étanché leur soif de spiritualité au cours de cette épreuve, d'autres ont creusé leur inquiétude, ils l'ont ciselée, pensée, réfléchie. Leur foi naissante est le fruit de cette croix. Certains ont fixé par l'écriture les étapes de ce pèlerinage intérieur. Qu'on se souvienne simplement du journal d'agonie de Christiane Singer, ses *Derniers fragments d'un long voyage*, expérience lumineuse quoique incommunicable. Et on ne compte plus les témoignages des gens qui travaillent dans les hôpitaux sur la soudaine incandescence de certains êtres à qui la maladie rend le feu de l'Esprit qu'une vie trop matérialiste avait volé à leur âme.

Et puis, au cœur de la nuit blanche, les bronches déchirées par la toux, épuisé par la fièvre, il advient toujours qu'on finisse par se demander ce qu'on a fait, et ce qu'on n'a pas fait, pour laisser la porte ouverte à la maladie. On se rappelle le thaumaturge chez Jésus de Nazareth et la croyance qui voulait, au Ier siècle de notre ère, que la maladie physique soit le reflet d'un mal plus profond de l'esprit. Ce qu'on appelle aujourd'hui encore, à la lumière de la science moderne, « somatiser ». La volonté de guérir, liée à la foi en la Vie, suffisait alors pour que les aveugles recouvrent la vue, les sourds l'ouïe et les malades la santé dès que le Christ touchait chacun d'entre eux et leur intimait l'ordre de guérir. C'est aussi ce que fait la maladie, nous intimer l'ordre de voir l'invisible, et d'entendre ce que chuchote le mystère.

Les maladies ont aussi leurs fêtes des retrouvailles. Il s'agit de la convalescence, qui célèbre l'immense privilège, l'inépuisable plaisir de se mouvoir avec aisance, de ressentir la puissance de ses muscles, la souplesse de ses membres et cette sensation inouïe de bien-être du gymnaste. Déjà, respirer sans peine, emplir ses poumons jusqu'à se rendre plus léger. Marcher sans fatigue ou au contraire jusqu'à un épuisement heureux et salutaire. En vérité, avoir un corps si prompt à seconder son esprit qu'on finit par l'oublier. De cela aussi il faut toujours rendre grâces. Dans ce temps de convalescence, je m'étonne, jusqu'à la sidération, de cette curieuse inclination qu'ont les hommes à consommer des drogues jusqu'à l'abrutissement – des plus communes comme l'alcool aux plus sophistiquées qu'on ne saurait recenser tant elles sont nombreuses aujourd'hui. S'inventer ainsi des besoins sans désir ! Se priver volontairement de cet état de pleine vigilance ! De cette jeunesse d'un retour au monde ! Des caresses de l'univers sur soi ! Quelle chose tout à fait étrange ! Je ne parle pas, bien sûr, des fêtes et des libations ponctuelles, du plaisir d'une ivresse qu'on partage, je parle de cette extinction chronique qui nous sépare de notre bonheur à nous mouvoir dans le cosmos, à ressentir tout à fait ce sentiment merveilleux de liberté originelle que procure une santé éclatante.

*

Septembre

Ma conscience me rappelle perpétuellement que je parle à Dieu lorsque je parle avec n'importe quel homme. Cet inconnu devient alors mon prochain, celui que j'ai à aimer, ou du moins à tenter d'aimer. Pour cela, je dois apprendre à l'écouter. C'est un fait irréductible, à la base même du projet que les hommes conçoivent pour eux-mêmes : le déploiement de la liberté individuelle dans une vie commune et pacifique avec quelque sept milliards d'autres individus. Et c'est une vérité que la prière réinvestit de son urgence : aucun individu ne peut s'accomplir sans dialogue ni communion avec les autres hommes. Telle est donc l'universelle oraison – que la conscience de la divine présence participe à toute rencontre authentique entre les êtres humains ; qu'elle préside à leur dialogue. Car il n'y a pas de vie réelle sans rencontre, ou plutôt, comme l'a affirmé Martin Buber, « toute vie réelle est rencontre ».

Nous vivons un temps de plus en plus virtuel où il est difficile de se rencontrer *réellement*, c'est-à-dire de vivre une plénitude, où si peu est accordé à la préparation et à la préservation de ce miracle qu'est une rencontre réelle concoctée par le hasard, sans arrière-pensée ni plan sur la comète, où tout conspire à nous faire oublier que la rencontre est le but même de notre vie et qu'il n'en est pas d'autre. Dans cette époque où le dialogue et la possibilité même de dialogue sont en voie de disparition, où des centaines de milliers d'étrangers, effrayants par leur nombre et la radicalité de leur différence, entrent dans nos vies et dans nos villes, on ne peut plus faire l'économie du travail à accomplir pour accorder notre langage commun à cette vérité : je parle à Dieu lorsque je parle à un homme, quel qu'il soit. Comme la prière, le dialogue recrée l'espérance, la seule encore capable de porter la foi et la charité dans leur traversée des mondes révolus.

Que serait un dialogue construit sur le mode d'une prière ? Une parole originelle et singulière qui ne peut être prononcée que par la voix humaine, et non par la voix des modes, des doxas, des mots d'ordre, une parole purgée de l'instant, du jargon économique, marchand et guerrier. Une parole qui attend une réponse réelle. Une parole réciproque et réfléchie, en vue d'une communion. Nul affrontement, mais un élan exigeant, frappé d'un grand courage – celui d'affronter à la fois sa réalité et celle de l'autre, et de les assumer dans la vie vécue. Après tout, « le monde, comme l'a écrit le poète Yves Bonnefoy, ce n'est jamais que ce que les êtres parlants ont tiré de ce dehors tout à fait aveugle et hostile – la matière ». Il suffit de se rappeler qu'ils l'ont tiré par le Verbe, et dans le dialogue. Et qu'il n'y a ni vie, ni paix, ni monde sans dialogue. Dialoguer comme on prierait, c'est être en profondeur et s'exprimer en vérité, pour s'ouvrir au divin partout où il s'est transfusé, dans la création et les créatures, dans le temps présent et l'homme à venir. Pour qu'advienne dans la rencontre la paix.

*

Et si la pierre d'achoppement sur le chemin de foi, toute la question de l'homme spirituel, toute la question du pèlerin, toute la question même de l'artiste étaient de se demander *comment* aimer son frère ? Comment le *toucher* au cœur ? Ou plutôt comment y parvenir ? Comment aimer son frère lorsqu'il est miséreux, lorsqu'il hait, lorsqu'il fait peur ? Comment l'aimer en dépit de cela, et justement plus encore pour cela ? Le gentil Noir de *La Case de l'oncle Tom*, la grand-mère tremblante, dénutrie et édentée de *Heidi*, Cosette et ses sœurs, Rémi et ses cousins et tous leurs avatars, oui, je le peux, puisqu'ils n'existent pas, et n'ont été créés que pour soulever chez moi des bouffées de bons sentiments, puisqu'ils font appel bien plus à ma sensiblerie qu'à ma sensibilité. Ce sont des pauvres de papier, et leurs romans des exutoires où purger ma mauvaise conscience. Mais aimer le plus abject, si pauvre qu'il a perdu jusqu'à son visage, c'est un défi que seuls quelques saints ont pu relever – si peu au regard des milliards d'individus qui composent l'humanité.

La pauvreté matérielle m'épouvante quand elle surgit dans ce qui m'est le plus proche, les trottoirs de mon quartier, les « zones », comme les appellent pudiquement les pouvoirs publics. Au mieux, je détourne les yeux pour ne pas voir, je pince le nez pour ne pas sentir. Tolstoï a trébuché un jour sur cet obstacle, incapable d'aider une alcoolique écroulée dans ses déjections. Dostoïevski fait dire à Ivan Karamazov : « On peut aimer le mendiant gracieux qui danse sur la scène du théâtre ; mais il est impossible d'aimer le vil et malodorant clochard réel ; seul Job le miséricordieux pouvait le faire. » Et Gogol devient fou à force de tendre l'oreille pour entendre le « doux baiser d'un frère ».

À la violence matérielle qui se donne à voir dans l'exposition de tous ceux qui ont échoué

– au sens propre et au sens figuré : échoué à leur examen de passage pour la réussite et échoué sur le trottoir –, que puis-je opposer comme forme d'amour ? Comment répondre à cette vision infernale d'une humanité rejetée de l'existence par une autre partie de l'humanité ? Quel trait d'union peut encore se proposer pour combler le vide abyssal qui se creuse entre les nantis et les démunis ? Les si scandaleusement riches et les si atrocement pauvres ? Quelle arme contre cette violence qui se dilate, cette violence brutale, atroce, triomphante de la dépossession ?

La douceur encore et toujours. La douceur disparue. Et les doux. Non pas les doucereux ni les douceâtres. Les *doux*.

« Force d'âme, douceur irrésistible du cœur », chante Bernard de Clairvaux. La douceur telle que la propose aussi Rainer Maria Rilke : « Que vaudrait la douceur si elle n'était capable, tendre et ineffable, de nous faire peur ? Elle surpasse tellement toute violence que, lorsqu'elle s'élance, nul ne se défend. » Contre la violence, jamais aussi éclatante que dans ce qui sépare, il y a la douceur qui apprivoise, comble, fait plénitude. Si ce n'est par le geste, déjà par le sourire et la compassion du regard. Dans ce monde guerrier et d'« horreurs économiques », comme le dénonçait déjà Rimbaud, il faudrait toujours, en tout, chercher la douceur secrète où réside le suprême mystère de l'être. Et alors la faire jaillir comme un sourcier l'eau qui désaltère, le ruisseau qui reverdit, le fleuve qui emporte.

*

Octobre

La lumière n'a jamais été aussi glorieuse, chaude, liquide que dans l'exubérance solaire de ces premiers jours d'automne qu'on appelle l'« été de la Saint-Martin ». La nature explose de couleurs, de fruits et de fleurs ; c'est le temps des vendanges aux vignes et aux vergers, les prairies reverdissent au regain et, pour peu qu'on se donne la peine de les contempler chaque soir, les mêmes moissons ont lieu au ciel, tant les nuages se drapent de soieries et d'organza. Partout, l'or est déversé à flots. Cette saison qui semble plus que toutes les autres naître d'une corne d'abondance est un vigoureux contrepoison aux nuages qui s'amoncellent dans l'actualité des hommes : les guerres, les attentats, la crise, les maladies, les délires climatiques, tout ce que les hommes font et tout ce que les médias nous assènent comme tristesses et mots d'ordre apocalyptiques. Pour autant, devons-nous nous résigner à les subir et attendre que cela passe ?

Je vois dans cet été indien une incitation à résister à ma fatale attraction pour le malheur, et l'occasion de choisir mon camp – celui de la beauté et des vérités intangibles. Je veux élargir le champ de ce que me propose cette saison particulière : une provision de fruits pour contrer les mauvais jours, une invitation à résister à la morosité et au fatalisme. Il y a un moyen indiscutable d'organiser cette résistance. Avancer et travailler d'une façon *artiste*, c'est-à-dire selon le principe même de l'art, qui est de retrouver plus que ce qui s'est perdu.

Retrouver plus que ce qui s'est perdu ? À l'humour, ajouter la joie. Aux débats, l'esprit. À l'amour, la tendresse. À l'amitié, la fidélité. À la parole, le sourire. À l'art, l'émotion… et aux actualités, l'optimisme. La liste serait infinie si je l'établissais à l'aune de tout ce que j'ai perdu d'humain dans ma façon d'être.

Plus simplement, il existe une façon délicieuse de célébrer l'été indien et tout ce qu'il oppose à l'hiver qui s'approche : par une échappée belle dans la campagne, ou dans les jardins et les parcs de la ville. Il serait dommage de bouder ce plaisir :

les jardiniers s'en donnent à cœur joie dans les mariages de couleurs, de feuilles et de fleurs. Les asters épousent les anémones du Japon, les rudbeckias les hortensias, les zinnias les dahlias, et les dernières aubépines, livrées à leurs parfums, charment les cyclamens. Toutes ces fleurs, je veux les contempler comme l'enseignait Malcolm de Chazal, avec la certitude absolue que les fleurs, roses vivantes, me contemplent aussi. Dès lors, faire en sorte que cette contemplation soit aussi épanouissante pour elles qu'elle peut l'être pour moi.

*

René Girard s'est éteint hier dans sa quatre-vingt-douzième année. Philosophe et penseur, ce grand esprit s'était fait une spécialité de l'anthropologie de la violence et du religieux. Il est sans doute, hors la théologie, le plus nourrissant des exégètes de l'Ancien et du Nouveau Testament, qu'il a observés avec toute la hauteur de son intelligence et toute la lumière de sa foi. Ce qui est tout à fait nouveau, et tout à fait éclatant dans son analyse, c'est la précision avec laquelle il a trouvé dans ces textes sacrés les racines mêmes des comportements humains. Dès lors, on comprend combien ni la Bible ni les Évangiles ne sont des mythes, mais bien une explication du réel, toujours actuelle, toujours contemporaine de ceux qui les lisent, et qu'il s'agit donc de les étudier *aussi* avec ce regard anthropologique qu'exige une honnête attention.

De quoi s'agit-il ? De la mise en évidence de ce qu'il appelle le « désir mimétique » au cœur du fonctionnement humain, et de ce que cela entraîne dans l'histoire : les guerres d'une part, guerres de tous contre tous, et le sacrifice de l'innocent par le groupe lorsqu'il est en proie au déchaînement de la violence, toujours née de ce désir mimétique – et voilà l'essence du bouc émissaire.

Son « hypothèse », comme il la qualifiait humblement, ouvre des révélations vertigineuses par ce qu'elles démontrent. C'est par le sacrifice d'un bouc émissaire qu'une communauté retrouve la paix, et c'est parce que les sacrificateurs sont unanimes sur la désignation de ce bouc émissaire, et convaincus qu'il est à l'origine de tous les maux dont ils souffrent, que le meurtre est efficace pour restaurer la paix, dans la totale bonne conscience des bourreaux.

Enfin René Girard s'est appliqué à souligner la portée radicalement subversive du message christique, ce « scandale » et « cette folie » selon les mots de saint Paul dont personne, s'il accepte de le lire avec l'honnêteté nécessaire, ne peut ressortir sans en être ébranlé, voire converti, ni convaincu qu'il s'agit là, pour les siècles et les siècles, de la réponse irréfragable à cette violence mimétique à l'œuvre plus que jamais entre les hommes, les nations et jusqu'aux religions.

Je lui avais écrit il y a trois semaines. Je voulais le rencontrer. Je n'aurai pas de question de vive voix, mais j'ai sa réponse, là, dans les livres. Comme le disait Grégoire de Nysse, « nous nous souvenons toujours de ce qui vient ».

*

Autour de moi, j'entends continuellement la complainte des valeurs perdues et un lamento sempiternel sur l'horrible absence de morale qui préside à tout dans notre société – et, sous ces mots, la tentation de condamner toute notre civilisation. Loin de moi l'idée de nier les dérèglements et les excès, ni la complaisance au mal, pas plus que je ne me réjouis de cette déliquescence. Seulement, je refuse d'apporter mon verre de larmes et d'amertume à ce puits qui ne donne que des eaux noires. Car enfin, chacun choisit ce qu'il veut être, bon ou mauvais, joyeux ou mélancolique. Cette liberté originelle est la marque et la quintessence du christianisme et de la civilisation qui en a découlé.

Le mal ambiant manifeste le choix de certains, mais à tout prendre il est un *moindre mal*. L'amoralité que s'autorise une bonne majorité de nos congénères vaut mieux qu'une sainteté imposée, un bien implacable édicté par une quelconque autorité morale, un code de conduite infligé aux hommes comme à un troupeau de bovins. Enrayer ce libre arbitre, fondamental pour devenir un homme, ce serait tronquer une bonne partie de l'image divine qui nous constitue – autant dire nous interdire d'être *à la ressemblance* de Dieu, puisque Dieu est la liberté même. D'ailleurs, que serait le mal sans la conscience du mal, et le bien sans la conscience du bien ? Dans les tribunaux, ces théâtres où de facto l'on débat encore publiquement de métaphysique, condamne-t-on un homme qui a commis un crime sans conscience qu'il s'agit d'un crime, un meurtre sans que l'auteur ait eu conscience de tuer ou de la possibilité de tuer ? Ce n'est pas les individus en général qu'il faut dès lors condamner, mais l'absence d'enseignement de la liberté telle qu'elle est dans son essence et dans son usage – ce privilège qui nous distingue de toutes les créatures. Il faut blâmer la disparition de cette éducation *éthique* qui permet à chacun d'*être* pleinement, et s'avère d'autant plus nécessaire qu'on ne peut devenir qu'autant qu'on est déjà.

Charles Péguy nous a laissé, au cœur de son œuvre prolixe, un chant à la liberté individuelle qui ressaisit tout ce que l'Occident, en bien ou en mal, a inventé pour la déployer. La liberté originelle de choisir et de se choisir, d'aimer ou d'ignorer Dieu, la liberté d'élire pour gouverner sa vie Dieu ou Diable. Pour la dire, Péguy a imaginé un grand poème, *Le Mystère des Saints Innocents*, où Dieu parle – et quelle liberté déjà d'oser lui donner la parole ! – et compare Jean de Joinville qui préfère être en état de péché mortel que d'avoir la lèpre, à Saint Louis qui préfère la lèpre à l'idée d'être en état de péché mortel. Dieu dit aimer ces deux hommes, et qu'il les laisse tous les deux libres de leur choix qui fait la véritable grandeur de l'homme, car « comme j'ai créé la liberté de l'homme à mon image et à ma ressemblance, ainsi j'ai créé la liberté de l'homme à l'image et à la ressemblance de ma propre, de mon originelle liberté ». Voit-il un roi en Saint Louis ? Un chroniqueur en Jean de Joinville ? Non, il voit deux hommes, simplement deux hommes sous leur fonction, et deux hommes qui se donnent à lui librement. Deux hommes qui savent ce qu'ils sont, qui ils sont, qui savent ce qu'ils valent… et Dieu le sait aussi. Dieu à qui Péguy fait dire encore : « Quand une fois on a connu d'être aimé librement, les soumissions n'ont plus aucun goût. »

*

Plein, simple et rond. Déjà, le mot « joie » imprime aux lèvres qui le prononcent l'épanouissement d'une fleur au soleil. Il est direct, sans détour et frappe au cœur. C'est un jet, une flèche d'amour, un transport qui subjugue. « Bien tard je t'ai aimée, ô beauté si ancienne et si nouvelle », proclame saint Augustin dans ses *Confessions.* La joie élève à un état supérieur qui est la plénitude. Elle prodigue une puissance sans pareille. Elle a sur le bonheur une supériorité indéniable qui la préserve de la fragilité même du bonheur : elle surpasse la souffrance et, même, elle sait s'en nourrir. Elle ne peut pas être détruite par elle. Qu'on ne voie rien de masochiste ou de doloriste dans ce caractère. La joie ne nie rien des horreurs de la condition humaine, si prompte à maudire la vie. C'est là sa force : non qu'elle s'en moque, mais elle les foule pour s'en faire un tremplin, opérer un renversement qui est celui de ne plus subir mais désirer, de ne plus maudire mais louer. Elle est une vertu, donc un état de grâce.

François d'Assise en a donné le sens, du moins celui qui me touche le plus, lorsque en marchant dans la neige et le vent, dans la nuit et la faim, vers la Portioncule où, espérait-il, l'attendaient ses compagnons, il dit à son ami, frère Léon, qui lui demandait ce qu'est la joie parfaite : « Au-dessus de toutes les grâces et dons de l'Esprit saint que le Christ accorde à ses amis, il y a celui de se vaincre soi-même. » C'est cela, la joie. Parce que cette puissance, nous ne l'avons pas reçue de Dieu, mais gagnée de nos efforts et de notre résolution à l'espoir et à l'amour. C'est la joie d'un don que nous ne devons qu'à nous-mêmes. Elle est une volonté et, pour cela, elle peut surgir du cœur même de la douleur, car elle n'est rien d'autre que la *présence* de Dieu, à la fois très retiré et très proche, dans la vie et ses tourments. On comprend mieux la portée de la formule de Claudel : « Dieu n'est pas venu pour supprimer la souffrance [...] mais il est venu pour la remplir de sa présence. » La victoire sur soi-même que suppose la joie résulte d'un surcroît de vie. Elle résume la quintessence de l'élan vital, qui est le seuil indispensable de la création. Quand le bonheur incite à sa jouissance égoïste dans l'immobilité et le repli sur soi, la joie déborde, exige qu'on la communique. Cette sortie de soi entraîne le don de soi, sous toutes ses formes, qui peut être aussi celle de la création tel que l'affirme Vladimir Jankélévitch dans son hommage à Henri Bergson : « La joie se ramasse entière dans le *Fiat* ou le *Fit* de l'instant liminal. » Dès lors, on imagine la joie de Dieu à la création du monde.

La joie dit aussi l'attente du Royaume, la certitude de son advenue, une Bonne Nouvelle toujours renouvelée, toujours proclamée par chacune de ses manifestations. Dès lors, Joie et Vérité sont sœurs siamoises – il peut y avoir des bonheurs mensongers, des joies mensongères jamais. Elle est une communion avec les autres hommes, un dialogue perpétuel. On se souvient de ces paroles de Jésus : « Je vous ai dit cela pour que ma joie soit en vous et que votre joie soit parfaite » (Jean 15, 11), à quoi on ne peut répondre que par la réponse de saint Anselme : « Fais que je te connaisse, fais que je t'aime pour que ma joie soit en toi. »

Paradis

Je veux croire que ma mort dépliera les cieux pour que j'y monte. Et qu'au-delà de la magnifique surprise qui m'attend, je trouverai au moins le paradis tel que je le désire. Je le conçois précisément, loin de ses évocations de poésie rêveuse, à la façon de Marcel Proust, comme un *Temps retrouvé* qui ne romprait pas avec l'enchantement de la vie. Un temps affectueux comme celui de l'enfance où se déploierait l'octave de mon existence, mais que je trahirais si je voulais l'interpréter, et que je manquerais si j'en cherchais le sens. Ainsi, le paradis pourrait être l'existence, hors de moi, de mon âme agrandie par ma joie, et ma joie agrandie par ma mémoire. La mémoire, depuis mon enfance, je l'ai toujours pressentie comme l'éden de l'Esprit. Dès mon plus jeune âge, je me suis fait l'obligation d'apprendre par cœur ce qui m'entourait et que je traversais – les instants, les lieux, les visages. Je m'immobilisais brusquement, souvent sans qu'un événement particulier me dicte l'urgence de le faire, et je regardais de toutes mes forces chaque élément de la rue, ou de la pièce où je me trouvais – les couleurs, les lignes de force, le jeu des ombres, chaque menu détail dont a besoin la vérité. Je me répétais « souviens-t-en, souviens-t-en toujours ». Le grain de l'asphalte et l'encombrement du trottoir, la géométrie des céramiques dans l'entrée de la maison, le rose touffu des fleurs de cerisiers du Japon, rue Branville à Caen, le pied du jardinier sur la bêche quand il retournait la terre, et le jaune pâle du papier peint, dans le salon. Je faisais entrer en moi chaque élément de mes paysages choisis, jusqu'à ma convoitise – dans le salon, l'harmonica de mon père, rangé dans une niche où survivait un caoutchouc. Par moments, je fermais les paupières pour recomposer la scène, afin d'en vérifier l'exactitude quelques secondes plus tard, les yeux grands ouverts. Les vues, mais aussi les parfums – rue Branville encore, la puissante et âcre odeur des pommes broyées dans le pressoir qui passait à l'automne, tiré par un tracteur, à quoi chaque maison apportait les fruits de son pommier, tandis que je traînais mon cartable jusqu'à mon école de la Venelle-aux-champs ; et chez Pierre, où je faisais mes devoirs dans le tic-tac de l'horloge, l'odeur de crème sûre et de rhubarbe chaude. J'ai appris à mes pieds à se souvenir de la pression des chaussures neuves de la rentrée. À ma peur, l'éclair et la boule de foudre entrée dans le salon de Donaueschingen, alors que je me tenais, subjuguée, devant la fenêtre ouverte sur un ciel noir zébré d'électricité. Plus loin encore, au Maroc, le fond d'un jardin, et contre le mur de la cuisine, à quatre-vingt dix degrés, l'appentis du lavoir. Je sens encore sous mes mains la douceur du ciment de son bac en pente douce. Avec la fraîcheur, une odeur de lessive et de grésil. Je vois l'étagère au-dessus du gros robinet, et la paillasse où j'ai du mal à me hisser, pour saisir une bouteille que je crois remplie de jus de fruits – en vérité, d'eau de Javel que je donnerai à boire à mon petit frère. Il a un an, peut-être deux. J'en ai un de plus à peine et aujourd'hui encore, lorsqu'il souffre de l'estomac, je me rappelle le tabouret tiré jusqu'à l'évier, mon ascension périlleuse, je sens le verre frais sous mes doigts et la dextérité qu'il m'avait fallu pour saisir la bouteille sans qu'elle ne se casse.

Je m'amusais à faire voyager ma sœur lorsqu'elle était malade. Je lui disais : « Ferme les yeux. Nous allons retourner dans le jardin de Cabourg », ou dans celui de Cuxac-Cabardès où nous accueillaient pour l'été nos grands-parents

– et ce jardin empli de groseilles et de couleuvres, bordé sur son ouest par le chuchotement d'un ruisseau fut pour nous le paradis de notre enfance. Elle me laissait faire un instant, puis frissonnait et très vite, me suppliait d'arrêter. Ainsi, elle éprouvait comme moi ce vertige qui m'avait saisie lorsque j'avais décidé de revenir à ce jardin, où je n'avais plus mis les pieds depuis des années, trente ans au moins, alors qu'une vingtaine de kilomètres à peine le séparait de la maison de mes parents. J'avais roulé doucement sur la route vireuse qui montait à l'assaut de la montagne Noire. Au fur et à mesure que j'avançais, que la distance en kilomètres se réduisait, une angoisse diffuse m'assaillait qui s'est commuée en sentiment de panique. Je ne pouvais pas franchir ainsi tant d'années sans attenter à quelque chose de l'ordre du cosmos ; je commettais un sacrilège, et seule une malédiction pouvait en résulter. Il en allait du mystère même de la réminiscence et par elle, de l'énigme du passé auquel seule l'écriture pouvait désormais me ramener, dans le mouvement inquiet des phrases et des veilles nocturnes.

Pour mériter mon paradis, il me fallait donc choyer ma mémoire par laquelle s'engendrent les insaisissables commencements et le déni des fins, ne céder à aucune fatigue ni dégoût pour continuer de fixer chaque instant. Il me fallait donc vivre à la pointe, avec intensité, sans jamais rien maudire de la vie, faire provision de joies pour renouveler mes émerveillements afin de pouvoir rappeler à moi toutes mes minutes amoureuses – et j'entends minute comme le compte rendu circonstancié d'un greffier soupçonneux. Tout doit demeurer dans mes souvenirs afin que tout puisse recommencer, à la puissance des béatitudes que j'aurais su vivre dans mon bref séjour sur terre, et qui se déploieraient dans l'espace de feu et de lumière de l'Empyrée, dans ces retrouvailles au-dessus de l'amour où l'âme exulte. Là-haut, je les revivrai précisément comme au seuil de mes découvertes, avec l'exacte palpitation de l'émoi, mais distillé par l'anamnèse. Alors, comme le chante Pierre Jean Jouve :

Ensemble nous gagnons la splendide matière
Dans une seule personne nue imputrescible.

Il est évident qu'à ma mémoire délivrée de toute formule, délivrée surtout de la fatalité de l'irrémédiable, une mémoire en extase répandue à l'infini sans plus jamais se dérober, le paradis rendrait aussi, rendrait surtout la présence de mes aimés. Dans leur affection, je constituerais mon rêve terrestre de cette « seule personne nue imputrescible ». Ensemble, nous entrerions dans le cercle où rien ne commence ni ne finit jamais, où tout renaît dans l'image des joies et des tendresses. Je serais guérie de l'absence. Délivrée par ce temps de plénitude où la mémoire recueille enfin tout ce qui, dans la vie, se dissémine. Comme à Dante depuis les marches de l'Empyrée où l'avait conduit son pèlerinage, après ses traversées de l'Enfer et du Purgatoire, il me serait alors révélé l'essence de ce cercle, toujours élargi par la jouissance de sa lumière, et avec elle le génie de ce Temps retrouvé :

L'amour qui meut le soleil et les autres étoiles.

Remerciements

L'auteur exprime sa gratitude à Jean Mouttapa, Marie-Pierre Coste-Billon, Hélène Ibañez, Bernard Chevilliat, Florence Quentin et Sophie de Villeneuve.

DU MÊME AUTEUR

AUX ÉDITIONS ALBIN MICHEL

De l'amour, de la mort, de Dieu et autres bagatelles, avec Lucien Jerphagnon, 2011.

François, un pape parmi les hommes, 2014.

La Passion de Thérèse d'Avila, 2015 (prix de l'Essai de l'Académie française).

AUX ÉDITIONS NIL

On ne fait que passer, roman, 1999.

AUX ÉDITIONS GALLIMARD

Jésus, 2007.

AUX ÉDITIONS DU SEUIL

Simone Weil, 2009.

Tolstoï, 2010.

Prenez-moi tout, mais laissez-moi l'extase, 2012 (prix des Écrivains croyants et prix de la Procure-Panorama).

Composition IGS-CP
Impression CPI Bussière en février 2020
Éditions Albin Michel
22, rue Huyghens, 75014 Paris
www.albin-michel.fr

ISBN : 978-2-226-32626-3
N° d'édition : 22191/04 – N° d'impression : 2050120
Dépôt légal : septembre 2016
Imprimé en France